消業增慧須念佛

淨土信仰的因果事理與菩提願心

淨土法門之至簡至捷，雖全在持名念佛，
並切望得到佛力的加持。
只是這「入手容易，成就高」的法門，
實非有口無心即可當生成辦。

大安法師——著

目錄

㈤、信事◉145

(三)、欣願心◎245

序淨土信仰因果事理與菩提願心

吳明興

佛法並不是佛陀說了就算數，信佛也不是隨便信一信就了事。佛陀應一大事因緣來住世，歷經累劫的修行，而徹悟緣起之道；並應衆生根器之不同，而說出一大藏經教。經教廣說有八萬四千法門，約之則爲一真法界。因此，佛陀說了些什麼，不能一知半解的就想打混過去。至於歷代祖師、大德如何依佛說實修實證而得以往生蓮邦，其修爲也不是以看小說、聽故事的心態便可以領會的。而信佛是你自己的事，目的是爲了離穢生淨，了結依然在受業報的此生，越出娑婆苦海，逕登極樂的彼岸。在彼岸就可以親自聽聞佛陀說法，剋期證得究竟解脫了。這是沒有人能夠代替你去做的，除非你自己去信、去懺悔、去發願。

佛陀以其圓通無礙的般若智，說了一大藏經教，開了無數的法門，經兩千多年的弘傳，直到我們這個衆生愈來愈冥頑陋劣的末法時代，猶能「三根普被」，進而使人人都得以「畢竟解脫」的，要算是淨土法門了。淨土法門說難實在一點也不難，說容易則又是一點也瞎和不得。就難的方面來說，首先要生信，信有其因必有其果，單這一點，即使業障昭彰，很多人卻依然鐵齒銅牙槽，硬是有看沒有到。因此，大家雖然都已經知道「衆生畏果」，可是偏不願弄清楚，爲什麼「菩薩畏因」。要知因是果的前提，凡事絕非永遠都是現在這個樣子，因爲現在這個樣子是過去的因所形成的，而未來會有什麼結果，則是現在種下的因所形成的。在我們的腦筋所能夠認識到的世界中，實在沒有什麼事理能夠逃出這個緣起生滅互爲因果的真理。而真理既然是這樣的明白，你說去信它會很難嗎？不會的吧！如果你還在懷疑，可見你根本就沒有生信、正信，或信得糊裡糊塗，才會不知佛陀之所云爲何？

其次說容易。淨土法門在生信、堅信、深信之後，便能在用功持名念佛的同時，時時蒙受佛力的加被。但別忘了，佛力絕對不會沒頭沒腦的毫無來由的就對愚迷癡妄的人進行任何加被的。所以在皈信之後，便要發願，用自己的願力去發菩提心，從而堅固信受佛道之心，生厭離五濁惡世之心，且唯西方是趨，才能與佛感應道交，臨命終時，蒙佛、菩薩慈悲接引。這種修法是極其直截了當的，是很容易的，但卻一點點也容不得你敷衍了事。因爲皈信之後所發的願心，不但要至誠、懇切，並且要時時刻刻把照顧好正念的願心，視為當務之急，不得有任何懈怠、疑惑、退悔，或者心存僥倖的以為，自己既然已經信佛了，也做了一些些功德，就像買了汽車全險，只要掛上無事牌，便可以不遵守交通規則，而一旦出事了，還能獲得理賠。更有一種念頭存它不得，那就是「臨時抱佛腳」。因此，修持淨土法門，直截肯定是直截的，只是心態投機、信念顛倒、所行非佛說，不但不能拔除生死的根本，反而會造諸惡業，更墮三塗，受諸苦厄。

由此可知，淨土一門，要信自己本具佛性，要信佛力在信自的基礎上是可以依仗的，要信因而止惡生善果，要信確有淨土可生並能使你證得不退轉位，要信理以遣除迷障。當迷障遣除淨盡了，且以善行、虔信發露自己的佛性，而蒙佛、菩薩接引極樂，肯定上品上生。

今魏磊居士，發大悲願，為讓時下衆生在淨土法門前有條登堂入室的徑路，而繼《淨土信仰與極樂世界》後，將「淨土資糧」的信願二法，從經典以及歷代祖師、大德的語錄、著作中，分門別類、次第舉要，並為之語譯，以期人人能在輕易懂得淨土法門的要義的同時生信，而找到一條難行卻又人人能行之道。相信本具佛性的任何一個人，都不願意錯過這樣好的因緣。不是嗎？在活著的時候，你絕不願自己憂苦萬端，窮天裡愁眉苦臉的，好像全天下都跟你有仇；更不願在臨命終的時候沒個依怙，像隻落湯螃蟹，在油鍋裡七手八腳，沒有出離的是處。更何況慈悲的佛、菩薩怎會忍心讓你在活著的時候無妄，死的時候無辜呢？肯定不會的。因此，「人身難得今已得，佛法難聞今已聞。此身不向今生度，更向何時度此身？」相信像你這樣聰慧的人，就更沒有理由放棄入得淨土法門來的大好良機了。

民國八十五年四月十日在芳川

王序

王　新

佛教法門很多，歸納起來不出聖道、淨土二門。前者是指行人專憑自己的禪觀念誦等修證，叫做自力；後者是指行人依靠信願持名，仰仗彌陀的宏願接引生西，稱做他力。比方人們旅居遠方欲返，自力就是步行，一步一步地回歸；他力則是辦妥乘坐先進交通工具的手續，走上和依靠先進的交通工具返家，既省力，又迅速。所以弘揚淨土的佛典十分宏富，古德對此謂之「功高易進」法門。

佛陀開的淨土法門，實爲指點教法的最終歸宿。古印度龍樹、無著和世親諸菩薩先後出世，開中觀、瑜伽行兩大學系，一本佛陀意旨，前者著《十住毗婆沙論》，後者作《往生論》，倡導淨土作歸宿處。大教東漸，漢代開始翻經，即有淨土譯典問世。東晉竺法曠（西元三二七～四〇二年）首先吟詠和講誦《無量壽經》，接著，慧遠大師（西元三三四～四一六年）於廬山般若臺精舍彌陀像前，與同道一百二十三人供齋發願，結社念佛，共期生西。至南北朝的東魏曇鸞大師（西元四七六～五四二年）、唐道綽大師（西元五六二～六四五年）和善導大師（西元六一三～六八一年）先後倡導淨土時，此教已普遍地弘傳開來；尤其是善導大師著重提倡持名專修，使淨土教像風馳電掣般地發展，幾成「家家阿彌陀，處處觀世音」的境地。此後，乃至於今，代有高賢提倡，成爲我國禪、教、律、密的共同指歸，以至淨宗被衆推尊共有一十三祖。這就是淨土文化在我國流行的史略。

佛典很多，但能對它深入研究而登堂入室者少；諒由其義深隱，入門非易。魏磊居士宿植德本，善根深厚；精研佛典，探究淨宗文化。以「千經萬論，處處指歸」之旨，用淨土三經一論作基幹，尤其是《佛說大乘無量壽莊嚴清淨平等覺經》即善本《無量壽經》，精心敬選摘錄了四十餘部經典和一百一十餘部論著的淨土言教，按照淨土緣起、極樂依正莊嚴和往生資糧的次第，逐段提要或簡介論述，擇難注釋，把原文譯成語體，彙編成三册，集淨土要義之大成，而爲讀者易閱易入之作。並且句句出乎經論，字字都有依據，得此一部，即能系統地了解淨土的真意，掌握住到達寶所的捷徑。此書即將付梓問世，誠望讀者人人受益，終究同登淨域，庶符佛陀的慈悲本懷，也滿編譯者的深切心願。承囑爲序，粗述其源流和願望，以饗讀者。

一九九四年元月

前言：淨宗文化的歷史與現狀

總述

在我國源遠流長的文化寶庫中，淨宗文化以其世出世間的色調而別具一格。淨土宗作爲佛教五大宗之一，自古迄今，都在我國人民的心靈世界，產生著或直接或間接的影響力。唐代那種「家家阿彌陀、戶戶觀世音」的盛況，說明了淨土宗在我國民間的普及程度。

淨宗文化獨特的超越性與廣泛的民間性、鮮明的他域性與濃厚的本土化，奇妙地融合在一起，這是耐人尋味的。在我國文化面向現代並日趨匯入世界主流文明的今天，我們對淨宗文化作深入的理性觀照，是不乏理論價值與現實意義的。

淨土宗是信仰諸佛及其淨土之存在，現在仗蒙佛陀的慈悲願力的攝護，死後期望往生淨土之存在，在大乘經論中，雖然說明十方世界有無量無數諸佛及其佛淨土，並在各自的佛土教化衆生（諸如藥師佛的東方琉璃世界，阿閦佛的妙喜淨土，彌勒的兜率淨土等），但是，唯有有關阿彌陀佛的經典佔絕對多數。因此，自古以來，阿彌陀佛的西方極樂世界，就成爲淨土宗的代表。

淨土是清淨、莊嚴、平等，沒有垢染的國土。這種淨土既不是儒家所設想的大同世界，也不是基督教的天國。淨土經論對西方極樂世界的種種境況有詳盡的描述，西方淨土的莊嚴殊勝實在不可思議。泛泛讀過，容易給人留下天方夜譚的感覺，然用心靈去體會時，方能領略其中些許神韻。幾千年來，西方極樂世界爲那麼多人（上至帝王將相，下至販夫走卒）所虔誠嚮往，所夢寐以求，就不是簡單地以一句「精神避難所」所能概括的。

爲什麼淨土法門在佛法中，佔有如此重要的地位，而得到佛教徒們普遍的信仰呢？這個問題有必要從社會心理、人的生存境況、終極關懷、身心結構等諸方面作綜合的探討。原因很多，但其中主要的一條也許是：在現實的人生中，人們受著種種的痛苦（生、老、病、死等八苦）逼迫所產生的一種自然現象。人們渴望痛苦的解脫，希望在現世心靈有個安全的寄託，死後的生命，有永恆的歸宿。正像客旅他鄉，日暮有投宿的地方一樣。阿彌陀佛正是感知到脆弱的衆生這種內心的需要，便創設了西方極樂世界，來濟度那些流浪生死、無法作主的衆生。正是由於阿彌陀佛的慈悲願力的感化與衆生內在需求的趨迫，才使淨土法門受到佛教徒們的普遍信仰與修學，西方淨土也成爲大小乘學者所共同趨向的理想世界。

淨宗文化的起源

淨宗文化可從下列三個方面溯源：

一、由生天思想導出

《大智度論》云：「聲聞法（指小乘佛法）中說念欲界天；摩訶衍（指大乘佛法）中說念一切三界天。行者未得道時，或心著人間五欲，以是故佛說念天。若能斷淫欲，則生上二天界中，若不能斷淫欲，即生六欲天中。」

這是佛陀對那些沒有得道或眷戀五欲的人，所開施的方便教法。佛陀教弟子們皈依三寶，就是三念（念佛、念法、念僧）的法則，再加上念戒（憶念戒行功德）、念施（憶念布施功德）與念天（念天的富樂，而修布施持戒的善業），成爲六念處。

由於三念中有念佛的思想；六念中有生天的思想；再由生天的思想，演變成爲往生的思想；進一步更由念佛思想與往生思想的結合，形成念佛往生淨土的思想。在佛經中往生淨土的記載，肇始於兜率內院的彌勒淨土。這就是念佛、念天、生天而演變成爲往生淨土的開端。由此，我們可以看出：淨土文化淵源於根本佛教的時代。

二、原始佛教的展開

淨土救濟的思想，從佛陀的本懷中流出。《雜阿含經》與《增一阿含經》中有這樣的法語：「向佛走去一步，也有無量功德」；「念三寶可以除恐怖」；「被迫供佛，也能六十劫不墮惡趣。」在《那先比丘經》裡，更進一步說：「人雖有本惡，一時念佛，用是不入泥梨（指地獄）中，便生天上。」

原始佛教對淨土思想，有一個逐步深化明朗的過程，由生天而引出求生當來下生佛（指彌勒菩薩）的兜率天；由本界佛的淨土而引出他方佛的淨土；由佛的本生譚而引出佛的本願力。西方淨土便是阿彌陀佛的四十八願所成就的。可見，釋迦牟尼佛雖然沒有在《阿含經》等小乘佛典中明確說到西方淨土，但是，阿彌陀佛淨土的思想，確係由釋迦牟尼佛的本懷中流出。

三、外來思想的激發

淨土的他力救濟思想，雖然在原始佛經中存在，但在沒有遇到外來思想的激發前，尚未受到應有的重視。在小乘佛教中，側重於憑自力修行，斷惑證真，了生卻死。

後來，來自希臘、波斯等北方民族的宗教信仰對佛教衝擊頗大。爲了擴大佛教的包容性，同時也爲了接引更多的異教徒皈信佛教，因而，對異教的思想便不能不考慮其價值。他力救濟的祈禱崇拜是一切有神教的共性，佛教不信有神，但在佛的本願力中，也確實含有他力救濟的功能。所以，那先比丘見了希臘的彌蘭陀王，便說念佛可以生天。到了馬鳴菩薩的時代，阿彌陀佛淨土的思想已經出現，淨土經典由口頭傳誦而被結集成經書時，便是西方淨土的時代化與現實化。

淨土思想雖可溯源於佛陀時代，但淨土經典的具體成立，則在大乘佛教初期《華嚴經》、《妙法蓮華經》之後。在原始佛教與部派佛教時代，淨土的信奉者主要是在家衆。正當以出家僧團爲主，並領導整個佛教的情形下，淨土思想自然就不甚彰明了。所以，在小乘經典中只能窺到淨土的些許微光。但是，傳到中國的主要是大乘佛教，所以，我們在漢文佛語中常能讀到佛陀對西方淨土的諸多贊嘆與開示，形成「千經萬論，處處指歸」的態勢。由此，我國的民衆，對阿彌陀佛與觀世音菩薩（西方淨土的候補佛）有著廣大而深切的崇敬。

淨土經典：三經一論

佛教東漸，淨土的經論也隨之傳譯。闡述西方淨土的經典，主要有三經一論。它們是：

《佛說阿彌陀經》（簡稱《小本彌陀經》）

《佛說大乘無量壽莊嚴清淨平等覺經》（簡稱《大本彌陀經》）

《佛說觀無量壽佛經》（簡稱《觀經》）

《無量壽經優婆提舍願生偈》（簡稱《往生論》）

以上的三經一論，專談淨土，是淨宗的根本經論。近代印光大師將淨土經典總括爲五經一論。即在三經一論的基礎上增加了《楞嚴經・勢至菩薩念佛章》與《華嚴經・普賢菩薩行願品》。

一、三經一論的譯本

《大本彌陀經》傳來我國最早，翻譯最多。自漢迄宋，共有十二種譯本。宋元而降，僅存五種。它們是：

㈠、《無量壽清淨平等覺經》（漢譯）
㈡、《佛說諸佛阿彌陀三耶三佛薩樓佛檀過度人道經》（吳譯）
㈢、《無量壽經》（魏譯）
㈣、《無量壽如來會》（唐譯）
㈤、《佛說大乘無量壽莊嚴經》（宋譯）

五種譯本中，魏譯流通最廣，然古今祖師大德均認爲各種原譯本皆有不完善之處，諸如，經文的缺漏、文辭的晦澀等。

爲補原譯本的不足，自宋迄今，又出現了四種會集本，它們是：

㈠、《大阿彌陀經》（宋國學進士龍舒王日休校輯）
㈡、《無量壽經》（清菩薩戒弟子彭際清節校）
㈢、《摩訶阿彌陀佛》（清菩薩戒弟子承貫邵陽魏源會譯）

㈣、《佛說大乘無量壽莊嚴清淨平等覺經》（現代菩薩戒弟子鄆城夏蓮居會集）

這四種會集本中，夏蓮居居士會集的《佛說大乘無量壽莊嚴清淨平等覺經》被中外公認爲善本，夏蓮居老居士，於民國二十一年，發願重校此經，力踵前賢，誓爲善本，掩關三載，稿經十易。遍探五種原譯，洞察三家校本。無一語不詳參，無一字不互校。文句精義，悉本原譯，而流暢自然，渾若天成。這個會集本的問世，爲淨土宗在當代的弘揚，貢獻甚巨。

《小本彌陀經》，有四種原譯本，二存二缺。

㈠、《佛說阿彌陀經》（姚秦三藏法師鳩摩羅什譯）

㈡、《稱讚淨土佛攝受經》（唐三藏法師玄奘譯）

這兩種譯本，大體相同，稍有出入。鳩摩羅什的譯本流通最廣。

《觀無量壽經》有三種原譯本，現僅存畺良耶舍的譯本。

《往生論》，世親菩薩造，菩提流支譯，目前正在流通。

二、三經一論的宗旨

㈠、《佛說阿彌陀佛》，是佛在舍衛國祇樹給孤獨園，爲大智舍利弗拈出，經中直指西方極樂世界。勸勉大衆生信發願持名，蒙佛接引，往生西方淨土。「執持名號，一心不亂」，是這部經的宗旨。自古以來，這部經典列爲叢林日課，爲各宗各派所仰信。

㈡、《佛説大乘無量壽莊嚴清淨平等覺經》，是佛在王舍城耆闍崛山中的法會上宣説。主要內容有：阿彌陀佛的因地修行，四十八願，西方極樂世界的依正莊嚴。其第十八願：「我作佛時，十方衆生，聞我名號，至心信樂，所有善根，心心迴向，願生我國，乃至十念。若不生者，不取正覺。惟除五逆，誹謗正法。」「十念往生願」，是阿彌陀佛的根本大願，也是淨宗的根本教理。本經的心要即是「發菩提心，一向專念」。

㈢、《佛説觀無量壽佛經》，是佛在摩竭提國王宮中，爲國太夫人韋提希所説。經中宣示了淨宗修持的理論與方法。包括淨業三福、十六妙觀，以及三輩九品的境界等。「是心作佛，是心是佛」，是本經的心要，也是佛教八萬四千法門的心要。

㈣、《往生論》，是世親菩薩修學淨宗的心得報告。世親菩薩將西方極樂世界歸納爲三種功德莊嚴：佛土功德莊嚴、佛功德莊嚴、菩薩功德莊嚴，這三種功德莊嚴濃縮到一句佛號中，所以，佛號即是真實智慧無爲法身。世親菩薩開示的「五念行門」的修持方法，甚爲精要。

淨土宗在我國的弘傳

中國淨土宗是上承印度大乘佛教，吸收對諸佛及其淨土的信仰，尤其是對阿彌陀佛西方淨土的信仰而成立的。

佛教向我國的傳佈，約在前漢哀帝時代。在這之後，印度的僧人攜梵經陸續來華。後漢靈帝光和二年（西元一七九年），支讖譯出的《般舟三昧經》、《佛說清淨平等覺經》，成爲淨土教傳來的先聲。接著吳支謙、西晉竺法護等翻譯《大阿彌陀經》、《平等覺經》。姚秦鳩摩羅什、劉宋寶雲、畺良耶舍等譯出《阿彌陀經》、《十住毗婆沙論》、《無量壽經》、《觀無量壽佛經》等。

隨著淨土經典的相繼翻譯與流佈，信奉淨土宗的人日漸增多。最初發願求生西方淨土的有西晉的闕公則（據記載，他往生後回來給道友們報信），其後，追隨發願往生者相續不絕。《高僧傳》載：東晉潛青山竺法曠（西元三二七～四〇二年）：「每以《法華》爲會三之旨，《無量壽》爲淨土之因，常吟詠二部。有衆則講，獨處則誦。」

其中最負盛名的是東晉的慧遠大師（西元三三四～四一六年），他在廬山結白蓮社，與大衆共同精修念佛三昧，以見佛往生爲目的。據史料記載，參加蓮社的一百二十三人中，大多數人有往生的瑞相。這在當時乃至後世，都產生了巨大的影響。由此，慧遠大師被後人推崇爲中國淨土宗的開山祖。

在魏晉南北朝、隋唐之際，淨土宗的弘傳進入黃金時代。出現了「家家阿彌陀，戶戶觀世音」的盛況。淨宗二祖善導大師在長安弘揚淨土法門，化緣極盛，城中隨處都能聽到念佛的聲音。這一方面是當時處於離亂的時代，人們亟望解脫，同時也與帝王將相、文人學者的倡導有關。我國歷代有許多文人雅士，諸如謝靈運、李商隱、白居易、蘇東坡、袁宏道、魏源、龔自珍等，與淨土宗都有很深的因緣。

自晉迄今，專專弘淨宗的祖師大德，代有傳人。淨宗祖師凡有十三位，他們是：慧遠大師（西元三三四～四一六年）、善導大師（西元五六二～六四五）、承遠大師（西元七一二～八〇二年）、法照大師（西元七六七～八二一年）、少康大師（西元？～八〇五年）永明大師（西元九〇四～九七五年）、省常大師（西元九五九～一〇二〇年）、蓮池大師（西元一五三五～一六一五年）、蕅益大師（西元一五九九～一六五五年）、截流大師（西元一六二八～一六八二年）、省庵大師（西元一六八六～一七三四年）、徹悟大師（西元一七三七～一八八〇年）、印光大師（西元一八六二～一九四〇年）。淨土宗的歷代祖師並不是像他宗的法系那樣有前後傳承的關係，而是由後人根據其人的道行以及弘揚淨土法門的貢獻來推舉公認的。

淨土宗自宋代以後，便成為佛教各宗各派共同信仰的中心。經元、明、清，乃至現代，莫不如是。各宗諸師或仿廬山慧遠大師的遺風，結蓮社普勸道俗念佛；或著述章疏典籍，廣泛地弘傳淨土；或講解經論兼弘淨宗，志歸淨土；或日課專念佛號，作觀禮懺，以期往生。近代的印光大師為中興淨土宗，厥功甚偉。而夏蓮居的會集本《佛說大乘無量壽莊嚴清淨平等覺經》一經問世，中外響應，風起雲湧。中國大陸、臺灣、香港、新加坡，乃至美國、加拿大等紛紛成立淨宗學會或念佛社，淨宗在世界各地，一時蔚成大觀。

淨土宗在當代的隆盛，亦與佛教的法運相關。《像法決疑經》云：「本師（指釋迦牟尼佛）滅度，正法五百年，持戒得堅固，像法一千年，坐禪得堅固；末法一萬年，念佛得堅固。」《大集經》又云：「末法億億人修行，罕一得道，唯依念佛得度生死。」近代的高僧大德從時教相應的角度，弘揚淨土宗，自然容易收到一呼百應的效用。

淨土資糧：信、願、行

淨宗修持的三個必要條件是信、願、行。「資糧」的含義是：正如出門旅行得預備錢糧一樣，往生西方淨土也得預辦「錢糧」，否則就去不了。信、願、行就是往生西方極樂世界的資糧。可見，信願行在淨宗修學中的重要性。

一、生信

對於修學佛法來說，信是非常重要的前提。經云：「信爲道元功德母。」信是道的本元，一切功德之母；因爲從信才能生出一切功德。又說：「佛法大海，信爲能入，智爲能度。」這就是說，必須先具備信心，才能深入佛法之海。若無信心，縱然廣讀佛書，也只是將佛法作爲一門世間學問來研究而已。

就淨土宗來說，生信就更爲緊要。因爲淨土法門是二力法門，即以自己的信力感應佛力的接引，生到西方淨土（側重他力本願）。如果不具備「信」，就如同沒有調頻的收音機，不能接收到電波頻率一樣。

淨土法門在佛的八萬四千法門中，屬於難信之法，玄奘大師判淨土法門是「極難信之法」。佛陀在多年的弘法佈道中，也屢次提到這點；因而，常常苦口婆心地勸進大衆，樹立信心。淨土法門難信，但卻易行，功效殊勝。凡夫只要至心執持名號，發願往生，就能滿願；一經往生，便能圓證三不退（位不退、行不退、念不退），一生究竟成佛。

由於淨土法門的契理契機與功效卓異，所以，淨宗的歷代祖師大德均致力培植衆生的信心。翻閱這些祖師們的撰述，其中有相當的篇幅在做「破疑生信」的工作。可見，生信這一關是多麼的難以透過！

如何才能建立信心，正信的內涵是什麼呢？淨宗九祖蕅益大師曾將正信歸納爲六個方面（參見《阿彌陀經要解》），現分述如下：

㈠、信自

相信我現前一念真心，本來就不是身內的肉團假心，也不是攀緣分別的第六意識；這一念真心在時間上無始無終，在空間上橫遍十方，十方無量世界原是我一念心中所變現的物體。我雖然迷惑顛倒，但只要一念迴光返照，專持佛號，決定得生自心本具的極樂世界。所謂：「唯心淨土，自性彌陀。」

㈡、信他

相信釋迦牟尼佛決不會說欺誑語，阿彌陀佛的四十八大願，願願圓滿，不會虛發。十方諸佛伸出廣長舌相同聲贊嘆，句句真實。因而，排除疑慮，依教奉行。

㈢、信因

相信善惡因果報應真實不虛，相信散亂稱念佛名，猶爲成就佛道的種子，如果一心執持名號，決定得生西方極樂世界。

㈣、信果

深信西方淨土，都是諸上善人聚會一處。這些上善人都是從念佛三昧中得以往生的。猶如種瓜得瓜、種豆得豆，依因感果，果不離因。有念佛之因，必定得往生淨土之果，功無虛棄。

㈤、信事

相信由於一念心性不可窮盡，依心所現的十方世界也不可窮盡。在離這個世界十萬億佛土之外，實有阿彌陀佛的西方極樂世界，不是天方夜譚，也不是莊子寓言。

㈥、信理

深信西方極樂世界，是我現前一念心性所顯現的影像。我心與佛心，交融互攝。念佛即是佛念。

具足上述六信，才是真信，才是正信。淨宗十祖截流大師曾說：「如果沒有真信，縱然念佛修善，但不能往生到極樂世界。來世生到富貴人家享福，在享福的時候必定造業。既造惡業，必受果報。所以，用正眼觀之，沒有正信的念佛人，比闡提（斷善根的人）與旃陀羅（以屠殺為業的惡人）的受報，只是在時間上稍緩一步而已。」可見，正信在淨土法門中至爲重要。

二、發願

「願」在淨宗修持中，也是不可或缺的一環。蕅益大師曾指出：「往生西方淨土的關鍵，就是信願。能否往生，就看你有沒有信願，而再生品位的高下，則取決於念佛工夫的深淺。」

願的內容很直截，就是厭離娑婆世界，欣求西方極樂世界。發願基於如下兩點，第一、對娑婆世界的八苦（生、老、病、死、怨憎會、愛別離、求不得、五陰熾盛）有深切的體察，對極樂世界的殊勝莊嚴有真實的信向。因而，以西方淨土的樂來對比娑婆世界的苦，就會油然生起厭離心；就像厭離坑廁、厭離牢獄那樣。居娑婆世界的苦境來遙想西方淨土的美妙，就會油然生起欣慕心，就像回歸故鄉，奔向皇宮那樣。

第二、爲了實現救度衆生的大悲心，應當發願往生淨土。經論中常說，初發心菩薩，忍力未曾成就，是沒有能力度化衆生的。必須往生到西方極樂世界證得道果後，才有能力回入生死海，濟度衆生。這裡涉及到發菩提心的問題。菩提心就是上承佛道、下化衆生的心，是大慈大悲普度衆生的宏誓願心。淨土宗特別重視發菩提心。《大本彌陀經》的宗旨就是「發菩提心，一向專念」。如果不發菩提心，只是爲了自己往生到西方淨土去享福，按曇鸞大師在《往生論注》中的說法，這種念佛人，是決定不能生到西方淨土的。

如果能從這二方面契入，便有可能發起真切的往生西方淨土的願。信深願切，才能做到：「萬緣放下、一念單提，隨願往生。」

三、持名念佛

信願具備後，持名念佛就是正行。概括的說，念佛有四種方法，即：持名念佛、觀像念佛、觀想念佛、實相念佛。歷代祖師大德從契理契機的角度，在末法時期，專倡持名念佛。

持名念佛法為何最為殊勝呢？因為，阿彌陀佛的名號是萬德洪名，衆生念這個名號，就能召來名號中的萬德。念念相續，就能轉凡心為佛心。即便工夫未到，也能蒙佛的願力加持，帶業往生。

在佛的八萬四千法門中，唯有持名念佛法門能夠廣泛攝受種種根機的衆生，上至文殊、普賢，下至五逆、十惡，都能契合這個法門。淨土法門下手易而功效高，〈念佛圓通章〉說：「若衆生心，憶佛念佛，現前當來必定見佛，去佛不遠。」說明持名念佛就是從衆生心下手，就是從我們現在念佛的這個心，就這樣一聲接一聲的念佛，就必定見佛。根利的衆生，當下就能見佛（明心見性），就與佛相去不遠。無怪乎古德常說：「明珠投於濁水，濁水不得不清；佛號投於亂心，亂心不得不淨。」這句佛號投入我們心裡面，亂心就不得不立即清淨了，直截了當，不可思議。

由此，蕅益大師贊嘆持名法門是：「方便中第一方便，了義中無上了義，圓頓中最極圓頓。」近代的印光大師也說：「九界衆生，捨此（持名念佛）則上無以圓成佛道；十方諸佛，離此則下無以普度羣萌。一切法門，無不從此法界流；一切行門，無不還歸此法界。」對持名念佛贊嘆到了極處。

信、願、行在淨土法門中，相輔助相成，不可或缺。由信啓願，由願導行，行則將信願具體化。如三足之鼎，一而三，三而一。

淨宗文化與現代社會

從進化論的觀點來看，一種歷史悠久的文化，隨著時間的推移，會日漸去其現實的有用性，而將被更高形態的文化所取代。然而，當我們冷靜地審視淨宗文化與現代社會諸種關係時，便會發現：淨宗文化不僅沒有落伍於現代文明，而且能夠與現代文明並行不悖，相得益彰。下面，本文擬就淨宗文化與現代社會三個敏感方面的關係，略作闡述。

一、淨宗文化與現代科技

在一般人看來，淨宗文化即便不是封建迷信，也至少是有悖於科學精神的。然而，這一觀念在當代西方科學家掀起的「東方哲學熱」當中，受到挑戰。前幾年《科學畫報》發表一篇短文，題目是〈科學思想的無價之寶〉。文中介紹有許多研究高能物理以及生命科學的第一流科學家，把佛教思想看爲寶物。日本科學家松下真一說：「這實在很奇怪，正是現代物理學（元質點論）的真理，並用實驗加以證明，這和古代的佛教思想的具體表現一樣，不是令人驚嘆嗎？」

淨宗文化與現代的自然科學對宇宙圖式的認識，具有越出常規思惟的貼近。諸如：愛因斯坦「物質是由場强很大的空間組成」的論點與「色不異空，空不異色」的佛理；現代物理學所闡明的「宇宙萬物以幾何方式交織於十一度時空空間」與西方淨土、華藏世界所描述的多層次緣起的宇宙模式；時空的相對性與一念萬念，須彌納芥子的境界；光速、心力及佛力的對襯等，均對我們顯示出淨宗文化與現代自然科學相互印證的奇妙圖景。

美國物理學家F．卡普拉在其《物理學之道》（中譯本名《現代物理學與東方神祕主義》）中寫道：「古老的宗教典籍《華嚴經》與現代物理學的理論之間，有著驚人的相似性。」而淨宗第一經——《佛說大乘無量壽莊嚴清淨平等覺經》，歷來被稱爲中本《華嚴經》。因爲這部淨土經典具足《華嚴經》事事無礙法界的十玄門。並且，這二部經典有內在的關聯。譬如，《華嚴經》的末後，普賢菩薩以十大願王導歸西方極樂世界。所以，古德曾評判：《華嚴經》是《大乘無量壽經》的導引。

可見，淨宗文化與現代科技文明不僅不相悖，而且有助於現代尖端科技的發展。從某種意義上說：科學愈發展，淨宗文化也愈昌明。在不遠的將來，淨宗文化與現代科技有可能融合並進。淨宗文化為現代科技提供啓示與先導，現在已顯端倪。

二、淨宗文化與生態環境

隨著全球性的現代化，在帶來日新月異的物質文明的同時，生態環境問題也日益嚴峻。諸如：工業化城市上空迷漫的煙霧，江海湖泊中生物的減少甚至滅絕；森林的大量砍伐，草原的沙漠化，全球性的「溫室效應」，以及核幅射的污染等等。這種種的問題向我們昭示：我們只有一個地球，我們如何與地球和諧共存？

科學家們創造了「生物圈」這個概念來描繪地球、大氣和海洋。而生命就在其中形成，人只有依賴生態系統才能生存。相處和諧，才能與生態系統形成良性互動，否則，便會兩敗俱傷。

例如，在如何處理核放射性廢物問題上，原來曾設想可以安全地將這些廢物倒進海洋的最深處，以為在那樣的深度下，不會有生命存在。然而，前蘇聯所作的深海考察否定了這個假想。無論在什麼地方，只要有生命，放射性物質就會被吸收到生物圈裡。當一種有機體餵入另一種有機體，放射性物質便攀登上生命的階梯回到人體內。

生態環境的日益惡化，其癥結在於人類日趨膨脹的物欲和自我中心主義。要有效地解決生態環境危機，就得從根治人類的這兩種病根著手，淨宗文化在這方面能開出一劑良方。

淨宗文化看重人性的健全發展，把生產勞動視爲一項克服自我中心同時也獲得生存所必需產品的活動。它著重於人的「解脫」，而不推崇效率至上，淨宗文化並不反對生活享受（西方淨土就有種種勝妙的享受），而是反對對生活享受的貪戀。因此，淨宗文化崇尚簡樸與非暴力。主張應以較低的消費獲得高度的滿足，使人們的生活不至感受强大的生存壓力與緊張。

由於奉持簡樸的消費觀念，人們就會通過適度地使用自然資源來滿足自己的生存需要。與自然界保持一種和諧的關係。而那些奉持高消費觀念的人們，則容易肆意地掠奪揮霍自然資源。如果當地物資資源有限，便容易造成敵視，甚至戰爭。

在對待自然萬物方面，淨宗文化平等地對待一切生物。我們不僅不能害彼生命以滋養自己，而且還應與一切生物保持一種友善共存的關係。對無知覺的礦物、樹木花草等，也應當抱持平等的恭敬態度。因爲從終極意義上說：「情與無情，同圓種智。」爲了人類的生存，可以合理地使用再生資源。如木材、水力、植物、蔬果等，而對於非再生物資，如煤、石油等，只在萬不得已的情況下才動用。而且必須十分愛惜地使用，如果過度揮霍便是一種暴力行爲。

淨宗文化的「依正不二」觀念認爲：外部的自然環境與人文環境（依報）與我們的身心（正報）具有同構對應的關係。心淨則土淨，心穢則土穢。透過生態環境危機，亦可測度人類日趨險惡的心態。要想擁有一個「純淨的地球」，就得首先致力於清除人類內心的貪、瞋、癡三毒，否則，一切良好的期待終會落空。

三、淨宗文化與世界和平

自有人類以來，人類一直生活在戰爭的陰影與恐怖中。尤其是今日的人類生活在核武器的火山口上。據科學家測定，現存的核武器的能量可以幾十次地炸毀地球。全世界每人平均有近三噸的核彈像達摩克利斯劍懸在頭上。科學家們估計：一場爆炸總量爲一百億噸以上的全面核戰爭，便能導致地球的「核冬天」，並最終毀滅這個地球上的人類。

英國科學家邁克爾．羅文——羅賓森曾有過如下的預測：

在我看來，未來將會有兩種可能的前景。一種前景是：在下一世紀某一時候，可能會早一些而不是晚一些，宇宙中有智慧的生命將會泯滅。第二種前景是：將來數百萬年以後的某一天，某個其他文明世界偶然發現地球及其所擁有過的奇蹟般的生命，發現人類短暫文明的遺物，就像考古學家偶然發現圖騰墓一樣。①

面對西方科學家的這種預測，我們作何感想呢？四十多年前，愛因斯坦說過：「原子裂變改變了世界的一切，但沒能改變人類的思惟方式。因此，人類正在走向空前的災難。」這位曾建議羅斯福總統製造原子彈的大科學家，說出這種言語，想必心情十分沈痛。

愛因斯坦的這番話，倒是給我們一個啓示：要避免核子戰爭的災難，就得改變人類的思惟方式。將人類的思惟方式從貪欲、掠奪、仇怨、自我中心的泥潭裡拔出來。對此，淨宗文化能有作爲。

佛陀洞察這個世界的衆生，在貪、瞋、癡三毒的驅迫下，會造種種的罪惡。佛陀曾作如是的開示：

世間諸眾生類，欲為眾惡、強者伏弱，轉相克賊、殘害、殺傷，迭相吞啖，不知為善，後受殃罰。②

這些愚癡的衆生種了惡因，自然避免不了苦報：

故有自然三途（畜生、餓鬼、地獄），無量苦惱、輾轉其中，世世累劫，無有出期，痛不可言。③

所以，佛陀以無限的慈悲心教化衆生，要我們以慈悲心、平等心、公正心待人接物，以謙遜忍辱心來化解這個世界的沈重。要深信因果，斷惡修善，改過自新，這樣必然會感得善果，造成天下太平的盛世。即經中所描述的：

佛所行處，國邑、丘聚靡不蒙化。天下和順，日月清明，風雨以時，災厲不起，國豐民安，兵戈無用，崇德興仁，務修禮讓，國無盜賊，無有怨枉，強不陵弱，各得其所④。

可見，淨宗文化的「和順」思想，有利於世界和平。並與孔子的「禮之用，和爲貴」的思想，有異曲同工之妙。這些「和順」、「和諧」、「貴和」思想的弘揚，亦是對世界文明的重大貢獻。對日漸被邪惡浸染的社會機體，不啻爲一強大的解毒劑。

淨宗文化與我國道德重建

我國自倡行現代化以來，國人的價值觀念，生活方式發生了巨大的變化，社會進步有目共睹。同時也應看到，市場經濟衝擊下的我國社會呈現著前所未有的道德無序狀態。從冷漠自私到見死不救；從權錢交易到貪污受賄；從僞劣商品到敲詐勒索；從短斤少兩到公開綁票；從賣淫嫖娼到拐賣婦女等等，不勝枚舉。

種種事實使我們尖銳地意識到：能否重建（復興？）當代中國道德文化，不僅關係到我國市場經濟與現代化的發展，而且更關係到我們這個文明古國的存亡盛衰。

導致我國道德淪喪的原因衆多。其中最根本的一條就是：現代中國人不信因果，甚或嘲笑因果。認爲誠實就是傻瓜，作惡就是聰明。在這種心態的支配下，便肆無忌憚，胡作非爲。即便有法律禁令，他也要鋌而走險：「沒抓到算我運氣，抓到了算我倒霉。」可見，社會道德的危機，首先是植根於衆人們道德心態的敗壞，價值觀念的顛倒。

我國傳統道德文化在整飭人們的道德心理方面，是立足於善惡因果報應之上的。諸如「積善之家，必有餘慶；積不善之家，必有餘殃」（《周易》），「君子有三畏：畏天命、畏大人、畏聖人之言」（《論語》），「天網恢恢，疏而不漏」（《老子》）等。善惡因果報應思想，能夠勉勵人們明因慎果，正心誠意，砥礪自己的道德人格。心存「舉頭三尺有神明」的觀念，就會自覺地檢束自己的行爲。甚至自己的舉心動念，也力求充滿善意。可以說，這種個體的「慎獨」精神，就是社會道德的基石，更是社會機制得以良性運轉的保證。

淨宗文化對善惡因果報應給予了更爲透徹的說明，佛陀教化剛强難化的衆生，就是從因果下手的。佛陀常說，由於世間人民的善惡業力不同，果報亦呈複雜格局。但是，善因得善報，惡因得惡報，「萬有因果律」真實不虛。善惡因果報應並不是佛陀為了嚇唬我們，憑空捏造的勸善之言，而是有其真實的內涵。讓我們來讀一段佛陀的開示：

天地之間，五道分明，善惡報應，禍福相承，身自當之，無誰代者。善人行善，從樂入樂，從明入明；惡人行惡，從苦入苦，從冥入冥。誰能知者，獨佛知耳。教語開示，信行者少，生死不休，惡道不絕，如是世人，難可具盡。⑤

這段經文的大意是：在這個世界上，天、人、畜生、餓鬼、地獄這五道的因果報應，清楚明白。作善得福，造惡得禍，禍福相倚，苦樂相繼，都是自作自受，沒有誰能夠替代。善人行善，能夠從快樂進入更殊勝的快樂；從智慧進入更高的智慧。惡人造惡，將會從苦痛加劇到更慘的苦痛；從愚癡滑入更深的愚癡。這些善惡報應，唯有佛才清楚明了。佛苦口婆心地教化眾生，開示因果報應的道理。然而，相信並修行的人少。因而，這些眾生輪轉生死，墮入惡道，無有窮盡，這樣的世人，舉目皆是，無法陳說。

佛陀在指明善惡因果真相後，教誨衆生要受持五戒（不殺生、不偷盜、不邪淫、不妄語、不飲酒），並且要孝養父母，奉事師長。斷惡修善，努力完善自己的人格。

在現實社會，人們所深惡痛絕的邪惡行爲，大多不越出殺、盜、淫、妄以外。如果有更多的人奉持這五戒（即儒家的仁、義、禮、智、信），我國的社會道德風氣不就會大爲改善嗎？

淨宗文化的基本教理之一是：「心淨則土淨。」如果我們每個人都從內心洗滌自己邪惡的垢染，代之以慈悲、忍讓、平等、利他之心，那麼，我們這個社會當下就是「人間淨土」。可見，明信因果是我國道德重建的一塊必不可少的基石。這亦是淨宗文化對重建我國道德文化的積極貢獻所在。

以上，對淨宗文化的歷史和現狀勾勒了一個簡略的輪廓。淨宗文化在現代的命運，是一個很值得探究的問題，希望這篇膚淺的小文，能起到拋磚引玉的效果。

注釋：

①、《火與冰——核冬天》邁克爾．羅文——羅賓森，北京，中國人民大學出版社，西元一九九〇年版。

②、《佛說大乘無量壽莊嚴清淨平等覺經》。

③、④、⑤、同上。

淨土資糧——信

(一)、信自

自心本具極樂世界

信自者，信我現前一念之心，本非肉團，亦非緣影。豎無初後，橫絕邊涯，終日隨緣，終日不變。十萬虛空國土，元我一念心中所現物。我雖昏迷倒惑，苟一念回心，決定得生自心本具極樂。更無疑慮，是名信自。

蕅益大師：《阿彌陀經要解》

說明：釋迦牟尼佛悟道後的最初開示是：「大地衆生皆有如來智慧德相，唯以妄想執著不能證得。」可見，衆生與佛在本質上無二無別，修學佛法別無玄虛，唯除妄想執著而已。從此處建立信心，方不致墮入盲從迷信中。

語譯：信自的含義是：相信我現前一念真心，本來就不是身內的肉團假心，也不是第六意識攀緣塵境、分別影事之心。這一念真心在時間上豎窮三際（過去、現在、未來），無始無終；在空間上橫遍十方，沒有邊際涯畔。終日隨緣，終日不變。十方虛空，微塵國土，原是我一念心中所變現的物境。我雖然昏沈迷惑，起種種顛倒，但只要一念迴光返照，專持佛號，決定得生自心本具的極樂世界。對此不再存有疑慮，這就叫信自。

是心作佛，是心是佛

諸佛如來是法界身，入一切衆生心想中。是故汝等心想佛時，是心即是三十二相，八十隨形好。是心作佛，是心是佛，諸佛正遍知海，從心想生。《佛說觀無量壽經》

語譯：一切佛都是法界身，含藏法性理體，進入一切衆生的心想中；衆生心淨，佛的法身自然顯現。所以，你們大家的心憶佛念佛時，那憶佛念佛的心就具足三十二相，八十隨形好。是心憶佛念佛，是心即是佛，諸佛海洋般的廣大智慧，從憶佛念佛的心中出生。

佛與衆生，心性平等

彌陀之所以爲彌陀者，深證其唯心自性也。然此彌陀極樂，非自性彌陀，唯心極樂乎？但此心性，乃生佛平等共有，不偏屬佛，亦不偏屬衆生；若以心屬彌陀，則衆生乃彌陀心中之衆生；若以心屬衆生，則彌陀乃衆生心中之彌陀。以彌陀心中之衆生，念衆生心中之彌陀，豈衆生心中之彌陀，不應彌陀心中之衆生耶？但佛悟此心，如醒時人；衆生迷此心，如夢中人。

徹悟禪師：《徹悟禪師語錄》

語譯：阿彌陀佛之所以爲阿彌陀佛，就在於他深切地證到唯心自性的境界。然而，這個阿彌陀佛的極樂世界，不正是自性阿彌陀佛，唯心極樂世界嗎？但這心性是衆生與佛陀平等共有的，不是只屬於佛，也不是只屬於衆生。假若以心性歸屬阿彌陀佛，那麼，衆生則是阿彌陀佛心中的衆生；假若以心性歸屬衆生，那麼，阿彌陀佛則是衆生心中的阿彌陀佛。以阿彌陀佛心中的衆生，念衆生心中的阿彌陀佛；

眾生心中的阿彌陀佛豈有不呼應阿彌陀佛心中的眾生的道理呢？但是，佛體悟到了這個心性，如醒時人；眾生迷惑這個心性，如夢中人。

本覺始覺不離，直趨覺路

無量光壽，是我本覺；起心念佛，方名始覺。託彼依正，顯我自心。始本不離，直趨覺路。暫爾相違，便墮無明。故知正遍知海，雖入眾生心想；寂光真淨，不涉一切情計。微妙難思，絕待圓融，阿彌陀佛！

夏蓮居居士：《淨修捷要》

語譯：無量光佛、無量壽佛就是我本有的覺性；起心念佛，才可叫做始覺。憑藉西方極樂世界的依正莊嚴，顯現我的自心。始覺與本覺不離，徑直趨向究竟覺。始覺與本覺短暫的相違，便會墮入無明煩惱中。所以，我們應當知道，佛廣大如海的智慧，雖然進入了眾生的心想中，然而，寂定智慧與眞如澄清，卻是不涉一切情染計度的。始覺本覺相契的境界，微妙難思，超越一切對待，圓融無礙。阿彌陀佛！

心作心是，呼應同時

佛由心生，心隨佛現；心外無境，全佛是心；境外無心，全他即自。洪名正彰自性，淨土方顯唯心。感應道交，呼應同時；十萬億程，去此不遠，心作心是，阿彌陀佛！

夏蓮居居士．《淨修捷要》

語譯：佛從心想生，心隨佛而現；心外沒有境相，佛的全體就是心；境外沒有心，外境的全體就是自心。阿彌陀佛的洪名恰正彰露自性，西方淨土方能顯示唯心。二者感應道交，呼應同時；十萬億佛土外的西方極樂世界離這裡並不算遠，心憶念佛時，心當下就是佛。阿彌陀佛！

聲聲喚醒本來人

念彌陀佛貴專精　念到功深念自純
念念圓明真性體　聲聲喚醒本來人
嬰兒墮水頻呼母　蕩子還家始見親

卻話從前離別事　翻令嗚咽淚沾巾

省庵大師：《勸修淨土詩》

語譯：

持念阿彌陀佛名號貴在專志精一，
念到功（ㄍㄨㄥ）夫深時，念頭自然會純淨。
念念都是圓融明徹的真如性體，
聲聲佛號喚醒本來人。
像落水的嬰兒頻呼母親那樣念佛。
蕩子回家才能見到親人。
再來回憶往昔別離故鄉的事情，
不禁泣不成聲，淚湧沾巾。

徹悟禪師的十種信

一信生必有死（普天之下，從古至今，曾無一人逃得）。
二信人命無常（出息雖存，入息難保，一息不來，即為後世）。

三信輪迴路險（一念之差，便墮惡趣，得人身者如爪上土，失人身者如大地土）。
四信苦趣時長（三途一報五千劫，再出頭來是幾時）。
五信佛語不虛（此日月輪，可令墮落，妙高山王，可使傾動，諸佛所言，無所異也）。
六信實有淨土（如今娑婆無異，的的現有）。
七信願生即生（已今當願，已今當生，經有明文，豈欺我哉）。
八信生即不退（境勝緣強，退心不起）。
九信一生成佛（壽命無量，何事不辦）。
十信法本唯心（唯心有具造二義，加上諸法，皆我心具，皆我心造）。
信佛語故，則造後四；不信佛語，但造前四。故深信佛言，即深信自心也。修淨業者，能具此十種信心，其樂土之生，如操左卷，如取故物，夫何難之有！

徹悟禪師：《徹悟禪師語錄》

語譯：

第一：信有生必有死（普天之下，從古到今，還沒有一人逃過生死）。
第二：信人命無常（呼出的氣息雖存，吸入的氣息卻難得保證，一口氣不來，便是後世）。

第三：信輪迴路險（一念差錯，便墮惡道，能保持人身的人譬如指甲上的土，失去人身的人譬如大地土）。

第四：信三惡道（畜、鬼、地獄）的時間漫長（三惡道中的一次果報就是五千劫，再得人身就不知道是什麼時候了）。

第五：信佛語不虛（這日輪月輪，可以令其墮落；須彌山王可使之傾動。諸佛金口所宣的法語，不會有絲毫的變異）。

第六：信眞有西方淨土（像眼前的娑婆世界一樣，西方極樂世界真實存在）。

第七：信發願求生極樂世界，便得往生（已經發願便已經往生，現今發願便現今往生；未來當發願便未來當往生。經中明文所示，豈會欺誑我們）。

第八：信往生西方極樂世界即能證得不退轉位（西方極樂世界境緣殊勝強大，不會生起退轉之心）。

第九：信一生成佛（西方極樂世界中的眾生壽命無量無數，任何道業都能成就）。

第十：信萬法本來唯心所造（唯心有本具和造作二重含義，上述諸法都是我心所具足，都由我心所造作）。

由於相信佛語，便造作後四種的果（即：願往生即得往生、一經往生即得不退轉位、一生成佛、法本唯心）。由於不相信佛語，但造作前四種的果（即：生必有死、人命無常、輪迴路險、苦趣時長）。所以，深信佛言就是深信自心。修淨業的人，如果能夠具足這十種信心，則往生西方極樂世界，如操左卷，如探取熟悉之物。這又會有什麼困難呢？

聖凡一體，機感相應

蓋彌陀光明遍照法界念佛眾生，攝取不捨。聖凡一體，機感相應。諸佛心內眾生，塵塵極樂；眾生心中淨土，念念彌陀。吾以是觀之，智慧者易生，能斷疑故；禪定者易生，不散亂故；持戒者易生，遠諸染故；布施者易生，不我有故；忍辱者易生，不瞋恚故；精進者易生，不退轉故；不造善不作惡者易生，念純一故；諸惡已作業報已現者易生，實慚愧故。雖有眾善，若無誠信心、無深心、無迴向發願心者，則不得上上品生矣。

噫！彌陀甚易持，淨土甚易往；眾生不能持，不能往，佛如眾生何！

楊杰居士：《念佛鏡序》

語譯：阿彌陀佛的光明遍照九法界中所有念佛的衆生，攝取不捨。聖人與凡夫本自一體，根機與感通容易相應。諸佛心內的衆生，塵塵都是極樂世界；衆生心中的淨土，念念都是阿彌陀佛。我從這個道理可以推斷：有智慧的人容易往生，因爲他們能夠斬斷疑根；修禪定的人容易往生，因爲他們心不散亂；持戒的人容易往生，因爲他們遠離一切污染；布施者容易往生，因爲他們沒有我執；忍辱者容易往生，因爲他們沒有瞋恚心；精進者容易往生，因爲他們道心不退轉；不造善不作惡者容易往生，因爲他們心念純一；造諸惡業，果報現前的人容易往生，因爲他們能夠生起眞實的慚愧心。雖然修行衆善，如果沒有至誠的信心，沒有度衆生的深心，沒有迴向發願往生心，便不能得上上品往生。

嗚呼！阿彌陀佛很容易持念，西方淨土很容易往生。然而，衆生不能念佛，不能往生。佛對這些衆生又有什麼辦法呢？

心淨阿鼻即爲淨土

如就淨土的本義說來，修行人心清淨了，則一切土、一切處無不清淨，無不自在，十萬世界無不同時化爲淨土。心如不淨，即在莊嚴佛土，亦復顛倒煩惱。古德云：「心淨阿鼻即爲淨土，心穢淨土即爲阿鼻。」至於西方乃表日升於東，落於西，結果圓成之意。故普賢大士，以十大願王生西方淨土，以圓成佛果也。

元音老人：《略論明心見性》

說明：元音老人：本名李鐘鼎，現年八十餘歲，隱居上海楊浦區，元音老人對禪宗向上宗旨參悟猶深，對淨密亦有修持。

語譯：如果就淨土的本義說來，修行人的心清淨了，那麼，一切土、一切處就沒有不清淨、沒有不自在，十方世界沒有不同時化爲淨土的。心如果不清淨，那即使處在莊嚴的佛土裡，也會顛倒煩惱的。古德說：「心清淨時，阿鼻地獄即爲淨土；心穢濁時，淨土即爲阿鼻地獄。」至於「西方」，那是表徵淨土像太陽升於東方，沈落西方，道果圓滿成就的意思。所以，普賢大士以十大願王求生西方淨土，來圓成佛果。

修淨業者的十種信根

若人修行，未能頓悟；當深植信根，不驚不動。一者信金口誠言，決定當生故。二者信自心廣大，具有如是清淨功德。三者信因果如形影，決定相隨故。四者信此身形識及一切世界建立，如陽焰空華（花），無所有故。五者信五濁惡世，寒熱苦惱，穢相熏炙，不容一刻居住故。六者信一切法唯心，如憶梅舌酸故。七者信念力不可思議，如業力故。八者信蓮胞不可思議，如胞胎故。九者信佛無量身、無量壽、無量光，不可思議；如蟻子身、蜉蝣歲、螢火光，同一不思議故。十者信此身決定當死故。若人具有如是信根，舉足下足，無非念佛。

袁宏道：《西方合論》

語譯：倘若有人修行，未能頓悟心源，便應當深切地種植信根，不驚惶、不動搖。怎樣才叫信根呢？第一、淨土信釋迦牟尼佛和阿彌陀佛兩大世尊的金口誠言，決定得以往生西方極樂世界。第二、信自心廣大無涯，具有無量的清淨功德。第三、信因果不虛，譬如身形與影子，決定互相伴隨。第四、信自己的身形、神識以及一切世界的建立，猶如陽光、火焰、空花、沒有眞實的實體。第五、信五濁惡世，寒熱苦惱，穢惡相熏相炙，不容一刻居住。第六、信一切法唯心所造，猶如憶念梅子，舌生酸水。第七、信念力不可思議，猶如業力不可思議一樣。第八、信蓮花化生不可思議，猶如胞胎不可思議一樣。第九、信阿彌陀佛無量身、無量壽、無量光、不可思議；譬如蚊子身、蜉蝣歲、螢火光一樣不可思議。第十、信自己的身體決定會死亡。倘若有人具備以上十種信根，那麼，舉足下足，無一不在念佛。

三種真信

所謂真信者，第一要信得心、佛、衆生三無差別，我是未成之佛，彌陀是已成之佛，覺性無二。我雖昏迷倒惑，覺性未曾失；我雖積劫輪轉，覺性未曾動。故曰：「莫輕未悟一念，迴光便同本得也。」次要信我是理性佛、名字佛，彌陀是究竟佛，性雖無二，位乃天淵。若不專念彼佛，求生彼國，必至隨業流轉，受苦無量。所謂法身流轉五道，不名爲佛，名爲衆生矣。次要信得我雖障深業重，久居苦域，是彌陀心內之衆生；彌陀雖萬德莊嚴，遠在十萬億剎之外，是我心內之佛。既是心性無二，自然感應道交。我之苦切，必能感佛之慈悲，必能應如磁石吸鐵，無可疑者。

截流大師：《淨土警語》

語譯：怎樣才算具備眞實的信心呢？第一、要信得心、佛、衆生三無差別。我是未成就的佛，阿彌陀佛是已經成就的佛，我與阿彌陀佛的覺性平等無二。我雖然昏迷、顚倒、迷惑，但覺性沒有失掉；我雖然多劫生死輪轉，覺性尚未動搖。所以說：「不要輕視未悟的一念，迴光返照便同本覺一樣。」第二、要信我是理性佛、名字佛，阿彌陀佛是究竟佛，覺性雖然平等無二，地位卻有天淵之別。倘若不專念阿彌陀佛，求生西方極樂世界，必定隨著業力流轉生死，受苦無窮。所謂清淨法身流轉五道，就不叫佛，而是名叫衆生。第三、要信得我雖然業障深重，長久以來沈淪在苦海中，但我還是阿彌陀佛心內的衆生；阿彌陀佛雖然萬德莊嚴，遠在離這十萬億佛土之外，但仍然是我心內的佛。既然是心性無二，衆生與佛自然感應道交。我苦切念佛，必定能夠招感阿彌陀佛的慈悲。必定能夠得到磁石吸鐵般的響應，這是無可懷疑的。

三根普被，利鈍全收

淨土一門，三根普被，利鈍全收。上之則觀音、勢至、文殊、普賢，不能超出其外；下之則五逆、十惡、阿鼻種性①，亦可預入其中。使如來不開此法，則末世衆生，欲即生了生脫死，便絕無企望矣。

然此法門如是廣大，而其修法又極簡易。由此之故，非宿有淨土善根者，便難諦信無疑。不但凡夫不信，二乘②猶多疑之；不但二乘不信，權位菩薩③，猶或疑之。唯大乘深位菩薩④，方能夠徹底了當，諦信無疑。能於此法深生信心，雖是具縛凡夫，其種性已超二乘之上。由以信願持佛名號，即能以凡夫心，投佛覺海。故得潛通佛智，暗合道妙也。

印光大師：《印光法師文鈔》

注譯：①阿鼻種性：墮無間地獄的種子和習性。②二乘：指聲聞乘、緣覺乘。③權位菩薩：藏教、通教、別教中的菩薩，圓教為一乘實教。④大乘深位菩薩：七地菩薩以上。

語譯：這個淨土法門，可以普遍地加被上、中、下三根的衆生，全部攝受收利根鈍根的衆生。上則觀世音菩薩、大勢至菩薩、文殊師利菩薩、普賢菩薩不能超越這個法門之外；下則五逆、十惡、阿鼻地獄種性的衆生，也可以進入這個法門之中。假若釋迦牟尼佛不開啓這淨土法門，那麼，末法時期的衆生想在當生了脫生死，便絕無企望了。

然而，淨土法門如此的廣大、而修持的方法又極端的簡易。由此，倘若不是往昔世曾種植淨土的善根，便難達到眞信無疑。不但凡夫不信這個法門，聲聞、緣覺也持懷疑態度；不但聲聞緣覺不信，藏教、通教、別教中的菩薩，有的也不相信；唯以七地以上的菩薩對淨土法門才能夠徹底的明了承當，深信無疑。如果我們能對淨土法門生起眞切的信心，雖然我們目前還是具縛凡夫，但是，我們的種性已經超勝於聲聞、緣覺。由於深信切願，持佛名號，就能以凡夫心，投入佛的覺性大海。所以能夠潛通佛的智慧，暗合道的奧妙。

費力少，收功大

我娑婆的鈍根，則染緣易就，道業難成；三阿僧祇劫，不退不轉，幾人能之。所以釋迦無問自說、彌陀攝受、諸佛稱贊的念佛法門，既費力少，又收功大；但能念佛名號，一心不亂，就是往生彼國的善根福德因緣。

語譯：這娑婆世界的鈍根衆生，造業容易，修道則難以成就；能夠三大阿僧祇劫堅持修道業、不退轉的，難得有幾人做到。所以，釋迦牟尼佛無問自說、阿彌陀佛攝受、諸佛稱贊的念佛法門，既費力少，又收功大，只要堅持念佛名號，一心不亂，就是往生西方極樂世界的善根福德因緣。

念佛即是多善根福德因緣

佛視一切衆生，猶如一子。我們要體會這平等的大慈。可惜衆生，多爲煩惱所逼，在生死輪迴中，作長夜大夢。好像喪家之犬，不但不見不信釋迦彌陀寂光實報之土；並也不見不信極樂世界的依正莊嚴。更那裡知道佛的慈悲。——可憐憫的衆生，當思彌陀慈父，爲著我們發了四八大願莊嚴成就的極樂，是極可欣樂的家鄉啊！

念佛時，心要懇切，像嬰兒求乳、乞士求食的一心懇求——才是心念佛時，心即是佛；因源的心與果海的佛，契合徹通，這個因緣，就是多善根福德因緣。

若生彼國，見佛聞法，悟無生滅的道理，永久不退道心和修持，一生可得補處佛位。什麼利益比這還大呢？我們於此善根福德因緣的大事，能不注意麼？

慈舟法師：《佛說阿彌陀經「不可以少善根福德因緣得生彼國」的見解》

語譯：佛對待一切衆生，猶如同一個子女。我們要體會佛的這種平等的大慈。可惜的是，我們這些衆生，多爲煩惱塵勞所逼迫，在生死輪迴中，作長夜大夢。好像喪家之犬，不但不見不信釋迦牟尼佛、阿彌陀佛的常寂光土與實報莊嚴土，並且也不見不信西方極樂世界的依正莊嚴，更哪裡知道佛的慈悲。——可憐憫的衆生呀！應當思念慈父阿彌陀佛，爲了濟度我們，以四十八大願所莊嚴成就的極樂世界，才是我們極可欣樂的家鄉啊！

念佛時，心要懇切，要像嬰兒求乳汁、乞丐求飲食那樣的一心懇求——這才能做到：是心念佛時，心即是佛。因源的心與果海的佛，契合徹通，感應道交，這個因緣，就是多善根、多福德的因緣。

倘若往生到西方極樂世界，見佛聞法，悟到不生不滅的道理，便能永遠不退道心和修持，一生可以得到補處佛位。還有什麼利益比這更大呢？我們對這善根福德因緣的大事，能不注意麼？

死盡偷心，圓轉五濁

信願持名一行，不涉施爲，圓轉五濁，唯信乃入，非思議所行境界。設非本師來入惡世，示得菩薩，以大智大悲，見此行此說此，衆生何由禀此也哉？然吾人處劫濁中，決定爲時所囿，爲苦所逼；處見惡業所蟄；處衆生濁中，決定安於臭穢而不能洞覺，甘於劣弱而不能奮飛；處命濁中，決定爲無常所吞，石火電光，措手不及。若不深知其甚難，將謂更有別法可出五濁，烽焞宅裡，戲論紛然。唯深知其甚難，方肯死盡偷心，寶此一行。此本師所以極口說其難甚，而深囑我等當知也。

蕅益大師：《阿彌陀經要解》

語譯：信願持名念佛這個行門，不必假藉其他的法門，便可轉五濁爲五清。這種境界，只有深信才能進入，不能思量言語所能企及的境界。如果不是本師釋迦牟尼佛來到這個濁惡世間，示現成佛，以大智大悲，發現這個法門、修證這個法門、宣說這個法門，我們這些衆生從何途徑能稟持這個法門呢？

我們處在劫濁中，決定會受到時代的局限，受衆苦的逼惱；處在見濁中，決定會被各種邪知邪見所纏縛，被邪師所迷惑；處在煩惱濁中，決定會陷溺於貪欲，被種種惡業苦報所螯咬；處在衆生濁中，決定會習慣於臭穢濁亂而不能洞察覺悟，甘於鄙劣怯弱而不能奮飛；處於命濁中，決定會被夭折災禍所吞噬，生命如石火電光，短暫得令人措手不及。

如果我們不深知置身五濁惡世中，信受淨土法門很難很難，便會企望更有其他的法門可以令我們跳出五濁，在這烏煙瘴氣的火宅裡，談玄說妙；唯有深知在這世界修行其他法門解脫生死極難，才會死盡偷懶苟且的心，珍重這個淨土法門。這正是本師釋迦牟尼佛極口重申，在此惡世，佛道難成，淨宗難信，而深切地囑咐我們應當深知的原因。

㈡、信他

諦信諸佛真實教誨

信他者，信釋迦如來決無誑語，彌陀世尊決無虛願。六方諸佛①廣長舌相②，決無二言。隨順諸佛真實教誨，決志求生，更無疑惑，是名信也。

蕅益大師：《阿彌陀經要解》

注釋：①六方諸佛：指東、南、西、北、上、下六方諸佛。《阿彌陀經》舉六方諸佛異口同音贊嘆阿彌陀佛不可思議功德。②廣長舌相：在因地修行中不妄語所感得的果相。

語譯：信他的含義是：相信釋迦牟尼佛決不會說欺誑語，阿彌陀佛的四十八大願，願願圓滿，沒有虛發。六方諸佛伸出廣長舌相，異口同聲的贊嘆，句句眞實。我們信奉諸佛的眞實教誨，決志求生西方極樂世界，不再存有疑惑，這就叫信他。

難信之法，佛殷勤勸勉

舍利弗！如我今者，稱讚諸佛不可思議功德；彼諸佛等，亦稱讚我不可思議功德，而作是言：「釋迦牟尼佛，能爲甚難希有之事，能於娑婆①國土，五濁惡世②、劫濁③、見濁④、煩惱濁⑤、衆生濁⑥、命濁⑦中，得阿耨多羅三藐三菩提⑧，爲諸衆生說是一切世間難信之法。」

舍利弗！當知我於五濁惡世，行此難事，得阿耨多羅三藐三菩提，爲一切世間說此難信之法，是爲甚難。

《佛說阿彌陀經》

注譯：①娑婆：堪忍的意思。這個世界的眾生有貪、瞋、癡等煩惱，眾生忍受之，不肯出離。②五濁惡世：五濁充滿的世界，五濁即劫濁、見濁、煩惱濁、眾生濁、命濁。③劫濁：濁法聚會的時代。④見濁：邪見增盛，起惑造業。⑤煩惱濁：貪、瞋、癡、慢、疑等煩惱熾盛。⑥眾生濁：世間眾生的果報漸衰，心鈍體弱，苦多福少。⑦命濁：因果日漸陋劣，壽命短促。⑧阿耨多羅三藐三菩提：無上正等正覺。

語譯：佛對舍利弗說：「像我現在稱贊許多佛不可思議的功德一樣，那些諸佛也都稱贊我不可思議的功德，而說這樣的言語：『釋迦牟尼佛能夠做這樣很煩難、很少有的事情，能夠在這個娑婆世界，這個有五種穢濁的惡世界上，劫濁、見濁、煩惱濁、衆生濁、命濁裡頭，證得無上的佛道，並且為了救度衆生，宣說這個世界上一切衆生所難得相信的法門。』」

佛又對舍利弗說：「你應當知道，我在這樣五種穢濁的世界上，修行這個信願念佛的難事情，得以成就佛道。並為了世界上的一切衆生，宣說這個難信的淨土法門，實在是很難的。」

念一聲佛的功德

佛告大王：「假令開大庫藏，一月之中布施一切衆生，所得功德，不如有人稱佛一口，功德過前，不可校量。」

《涅槃經》

語譯：佛告訴大王：「假令打開藏寶的大倉庫，一月之中布施一切衆生，所得到的功德不如有人稱念一聲阿彌陀佛。這一聲念佛的功德所超過一月布施財寶的功德，難以用數字來校量。」

念佛消業增慧

善生言：「世尊！菩薩已受優婆塞戒①，若有內外諸惡，不淨因緣，云何得離？」

「善男子！菩薩若有內外諸惡，不淨因緣，是人應當修念佛心，若有至心修念佛者，是人則得離內外惡，不淨因緣，增長悲慧。」

《優婆塞戒經》

注釋：①優婆塞戒：在家佛弟子所受的三皈五戒及在家菩薩戒。

語譯：善生向釋迦牟尼佛恭問：「世尊！菩薩已受優婆塞戒，倘有內外一切惡業及其不清淨的因緣，怎樣才得遠離？」

佛答：「善男子！菩薩若有內外惡業及其不清淨的因緣，這人應當修念佛心，倘若有至心修行念佛法門的菩薩，這人則能遠離內外一切惡業及其不清淨的因緣，增長悲心與智慧。」

高聲念佛的十種功德

高聲念佛誦經，有十種功德。一、能排睡眠；二、天魔驚怖；三、聲遍十方；四、三途息苦；五、外聲不入；六、令心不散；七、勇猛精進；八、諸佛歡喜；九、三昧現前；十、生於淨土。

《業報差別經》

語譯：高聲念佛誦經，有十種功德。一、能夠排遣睡眠；二、天魔驚惶怖畏；三、音聲遍及十方；四、三途（血途、刀途、火途）中止苦患；五、外面的音聲不會進入；六、令心不散亂；七、勇猛精進；八、一切佛歡喜；九、佛法正定現前；十、往生淨土。

一稱南無佛，得以成佛道

佛世一老人，來求出家。舍利弗等諸大弟子。俱不肯度，以觀彼多劫無善根故。佛自度之，即證道果。因告大衆：「此人無量劫前，爲採薪人，猛虎逼極，大怖上樹，稱南無佛，以是善根，遇我得度。」

馬鳴菩薩：《大莊嚴經論》

語譯：釋迦牟尼佛住世的時候，有一老人來求出家，舍利弗等諸大弟子都不肯爲他剃度。因爲舍利弗等以慧眼觀察那老人多劫沒有善根。後來佛自己親自爲那老人剃度。那老人依佛法修持，證得了道果。佛將此事的因緣告訴大衆：「這老人在無量劫之前，曾有一世身爲砍柴人，一日在山上砍柴，被猛虎追趕，極其恐怖地爬上樹，稱念南無佛。由於這念佛的善根，在今世成熟，遇到我而得解脫。」

佛號能轉五濁爲五清

只此信願莊嚴一聲阿彌陀佛，轉劫濁爲清淨海會；轉見濁爲無量光；轉煩惱濁爲常寂光；轉衆生濁爲蓮華（花）化生；轉命濁爲無量壽。

故一聲阿彌陀佛，即釋迦本師於五濁惡世，所得之阿耨多羅三藐三菩提法，以此果覺全體，授與濁惡衆生，乃諸佛所行境界，唯佛與佛能究盡，非九界自力，所能信解也。

蕅益大師：《阿彌陀經要解》

語譯：只憑這深信切願莊嚴的一聲阿彌陀佛，不必假藉其他的法門，就可轉五濁爲五清，莊嚴淨土。轉濁法聚會爲淨法聚會；轉邪見增盛爲智德無量光；轉煩惑增盛爲斷德常寂光；轉色心陋劣爲蓮花化生，清淨勝妙；轉壽命短促爲無量壽。

所以，一聲阿彌陀佛，即是本師釋迦牟尼佛在五濁惡世，所證得的無上正等正覺的法門。現在，本師釋迦牟尼佛將這果覺全體（一聲阿彌陀佛）授與五濁惡世的衆生。在這五濁惡世，宣說這個難信的淨土法門。教人生信發願，專持一聲阿彌陀佛名號，便得圓成佛道。這乃是諸佛所行的境界，唯佛與佛才能究盡其奧蘊，九法界的衆生，憑自己的力量，是難以深信悟解的。

釋迦所以興出世，唯說彌陀本願海

「釋迦所以興出世，唯說彌陀本願海」。善導大師這兩句極重要的開示，是真誠從大光明藏中流出的實話，古說善導大師是彌陀化身。蓮池大師說善導大師縱然不是彌陀，也是觀音、勢至、文殊、普賢同等人物。

黃念祖：《心聲錄》

說明：黃念祖（西元一九一三～一九九二年）：現代居士，原北京郵電學院教授，虔修念佛法門，往生後遺體火化，從骨灰中先後拾得五色舍利三百餘粒。

語譯：「釋迦牟尼佛之所以在這個世界示現成佛，唯一的目的是宣說阿彌陀佛救度眾生的大願之海。」善導大師這兩句極重要的開示，是眞誠從大光明藏中流出的實語。古人傳說善導大師是阿彌陀佛的化身。蓮池大師說善導大師縱然不是阿彌陀佛，也是觀世音菩薩、大勢至菩薩、文殊師利菩薩、普賢菩薩同等的人物。

頻繁贊嘆念佛法門

夫如來說教，廣有多門。經中或偶一拈題，或因緣舉出者，不可勝載。唯念佛一門，頻形贊嘆，如高巒之峙平原，耀空而出；類金星之晃沙磧，映日即明，故知法門殊勝，未有逾此一門者也。

袁宏道：《西方合論》

說明：袁宏道：明萬曆進士，字中郎，號石頭居士。開初拜李卓吾爲師，善才辯，後來回向淨土，晨夕禮誦，嚴持禁戒，無疾而終。

語譯：釋迦牟尼佛演說的教法，有許多的法門。佛經中或者偶一拈題而說的，或者因緣際會而枚舉的，種種法門難以全部記載下來。唯有念佛這一法門，釋迦牟尼佛頻繁贊嘆，猶如平原上峙立高山，輝耀天空，挺然而出；類似金色星星晃照沙漠，映折太陽，頃刻明亮。由此可知，其他法門的殊勝，沒有能夠超逾這個淨土法門的。、

佛號即是真實智慧無爲法身

觀察莊嚴佛土功德成就，莊嚴佛功德成就，莊嚴菩薩功德成就，此三種成就力願心莊嚴，應知。略說入一法句故，一法句者，謂清淨句，謂真實智慧無爲法身故。

天親菩薩：《往生論》

說明：天親菩薩（西元三二〇～四〇〇年）：早年學小乘，貶大乘，後經其兄無著菩薩的勸導，乃迴小向大，作五百部論弘揚大乘佛法。《往生論》是淨土宗的第一論。

語譯：正念觀察莊嚴西方極樂世界的功德成就，正念觀察莊嚴阿彌陀佛的功德成就，正念觀察莊嚴觀世音菩薩、大勢至菩薩的功德成就。應當知道，這三種莊嚴成就，是由阿彌陀佛的清淨願心所莊嚴。將這種種莊嚴成就濃縮到一法句中，為什麼名叫法句呢？因為清淨的緣故，為什麼名叫清淨呢？因為這一法句即是眞實、智慧、無為、法身的緣故。

彌陀名號即是一真法界

阿彌陀，正翻無量，本不可說。本師以光壽二義，收盡一切無量。光則橫遍十方，壽則豎窮三際。橫豎交徹，即法界體。舉此體作彌陀身土，亦即舉此體作彌陀名號。是故彌陀名號，即眾生本覺理性，持名即始覺合本，始本不二，生佛不二，故一念相應一念佛，念念相應念念佛也。

蕅益大師：《阿彌陀經要解》

語譯：阿彌陀，正確的翻譯爲無量。本來難以言說，本師釋迦牟尼佛以光與壽二種含義，概括阿彌陀佛的無量功德，光就像日光那樣，徹上徹下遍照十方；壽能豎窮過去、現在、未來三際。空間的橫遍與時間的豎窮交互映徹，就是一眞法界的全體。以這一眞法界的全體作爲阿彌陀佛的三身（法身、報身、化身）四土（凡聖同居土、方便有餘土、實報莊嚴土、常寂光土）、也就是舉這一眞法界的全體作爲阿彌陀佛的名號。

所以，阿彌陀佛名號，就是衆生人人本有的佛性。執持名號，能持的心即是始覺，所持的佛號即是本覺。始覺不離本覺，本覺具足始覺。始覺與本覺不二，衆生與佛不二。所以，念佛的衆生，一念心與佛號相應，則一念成佛；念念與佛號相應，則念念成佛。

四字洪名該羅佛的無量德

心本無念，念起即乖。而衆生無始以來，妄想慣習，未易卒遣。今教念佛，是乃以毒攻毒，用兵止兵。而念佛一法，復有多門，今此持名，是爲徑路之中，徑而又徑。因佛有無量德，今但四字名號足以該之。以彌陀即是全體一心，心包衆德，常樂我淨、本覺始覺、真如佛性、菩提涅槃，百千萬名，皆此一名攝無不盡。衆生學佛，亦有無量行法，今但持名一法足以該之，以持名即是持此一心，心該百行，四諦六度，乃至八萬四千恆沙微塵一切法門攝無不盡。

蓮池大師．《雲棲法彙》

語譯：心性本來無念，念頭生起即是乖離自性。然而，衆生無始劫以來，妄想習氣，不容易馬上遣除。如今教導衆生念佛，乃是以毒攻毒，用兵止兵。而念佛一法，又有多種。如今這個持名念佛的法門，是徑路中，徑而又徑的法門，因爲佛有無量無數的功德，現今只以「阿彌陀佛」四字洪名充分地包藏。由於阿彌陀佛即是全部理體，圓滿一心。心性包容衆德，常樂我淨、本覺始覺、眞如佛性、菩提涅槃。百千萬佛名，皆由阿彌陀佛一名攝無不盡。衆生學佛，也有無量的法門，今日只有持名念佛一法足以該（概）括。由於念佛名號即是念這一心，心性包攝百行，六諦、六度，乃至八萬四千恆沙微塵一切法門，攝無不盡。

八萬四千法藏，六字全收

一句彌陀，頭則公案，無別商量，直下便判。如大火聚，觸之則燒；如太阿劍，攖之則爛。八萬四千法藏，六字全收，一千七百公案，一刀斬斷。任他佛不喜聞，我自心心憶念，請君不必多言，只要一心不亂。

省庵大師：《省庵語錄》

語譯：一句阿彌陀佛即是最上乘的公案，沒有商量的餘地，直下便作判斷。猶如大火聚集，觸火則被燒毀；譬如太阿劍，觸犯劍鋒則被削爛。八萬四千法藏，「南無阿彌陀佛」六字全收；一千七百公案，一刀斬斷。聽任他人不喜聽佛號，我自心心憶念。請君不必多言，只要一心不亂。

佛號應衆生心而建立

當知光壽名號，皆本衆生建立。以生佛平等，能令持名者，光明壽命，同佛無異也。當知離卻現前一念，無量光壽之心，何處有阿彌陀佛名號？而離卻阿彌陀佛名號，何由徹證現前一念無量光壽之心，願深思之。

蕅益大師：《阿彌陀經要解》

語譯：應當知道：無量光、無量壽的佛名，都是根據衆生的一念心性而建立的。由於衆生心與佛心本同一體，平等無二；所以，能令持名念佛的衆生，通過佛名而悟心性，獲得與佛一樣的光明壽命。

應當知道：離卻現前一念無量光壽的心性，那裡會有阿彌陀佛名號？而離卻阿彌陀佛名號，又怎麼能徹證現前一念無量光壽的心性呢？願大家深思其中的法義。

稱名等同持咒

顯密①一體，身土②不二，稱名無異持咒，教主即是本尊。大日③遮那④，同歸光壽；華藏密嚴⑤，不離極樂。豎窮三際，橫遍十虛，阿彌陀佛！　夏蓮居：《淨修捷要》

注釋：①顯密：真言宗所判，一切佛教分顯密二教，隨眾生根機，宣說修證法門，理路顯然可知的叫顯教，祕奧幽妙的三密法門，謂之密教。②身土：指聖凡的正報和依報。③大日：即大日如來，密教的本尊，又稱遍照如來。④遮那：即毗盧遮那，佛真身的尊稱，此云光明遍照。⑤華藏密嚴：即華藏世界與密嚴國，都是法身菩薩所居的淨土。華藏世界屬顯教，密嚴國屬密教。

語譯：顯教與密教本是一體，正報佛身與依報佛土平等無二，稱念阿彌陀佛名號與持咒沒有兩樣，西方淨土的教主即是本尊。大日如來與毗盧遮那，同歸阿彌陀佛。華藏世界與密嚴國，不離極樂世界，無量壽窮盡過去、現在和未來三際；無量光遍及十方虛空。阿彌陀佛！

萬德洪名，能滅衆罪

萬德洪名，能滅衆罪。果能一向專念，自然垢障消除。不但道心純熟，且可福慧增長。臨命終時，聖衆現前，慈悲加佑。令心不亂，接引往生極樂世界，七寶池中，華開得見阿彌陀佛。

夏蓮居：《淨修捷要》

語譯：阿彌陀佛的萬德洪名，能滅除一切罪業。如果眞能一向專念阿彌陀佛，垢汚業障自然會消失除滅。不但道心純熟，而且還可以增長福德與智慧。臨命終時，阿彌陀佛與菩薩聖衆顯現於念佛人面前，以慈悲心加持護佑，令念佛人心不散亂，接引往生西方極樂世界。七寶池中，蓮花開敷，得見阿彌陀佛。

名字即法性

以名即法者，如諸佛菩薩名號，禁咒音辭，修多羅章句等是也。如禁咒辭曰：

「日出東方，乍赤乍黃，假令酉亥①行禁，患者亦愈（癒）。」又如有人被狗所嚙，炙虎骨熨之，患者即愈。或時無骨，好捵掌摩之，口中喚言：「虎來！虎來！」患者亦愈。或復有人患腳轉筋，炙木瓜枝熨之，患者亦愈。或無木瓜，炙手摩之，口喚：「木瓜！木瓜！」患者亦愈。吾身得其效也。何以故？以名即法故。

道綽：《安樂集》

注譯：①酉亥：酉時指下午五～七時。亥時指夜間九～十一時。

語譯：名字就是法性。譬如一切佛、菩薩的名號、禁辭咒音、佛經章句等。例如，禁咒辭說：「日出東方，乍赤乍黃。」假令晚上七時、十一時持念這句禁咒，生病的人就會痊癒；又譬如有人被狗咬傷，將虎骨烤熱，熨敷在傷口上，傷患處就能治好。或者當時找不到虎骨，便用手掌按摩患部，口中喚言：「虎來！虎來！」傷患處也能痊癒。或者又有人患腳轉筋的毛病，烤熱木瓜熨敷，能治癒患痛。或當時沒有木瓜，用熱手按摩，口喚：「木瓜！木瓜！」患部也能痊癒。我的身體曾得到過這種療效。這是什麼原因呢？因爲名字即是法性。

唯有彌陀以名號接引衆生

凡諸佛應身接物，有乎四益：一以形益，現身是也。二以光益，放光是也。三以聲益，說法是也，四以通益，現神足是也。唯阿彌陀，四益之外，更加之以名接物，以其有本時所發誓願故也。餘之四接，其攝機也狹；唯以名接物，其攝機也廣。既彌陀以名而接物，故衆生得以耳聞而口誦，豈唯一稱嘉號，而萬德齊彰。且又無邊聖德，攬入識心，永爲佛種。除罪證道，不可思議，其善根功德，豈小小哉！

幽溪：《阿彌陀經圓中鈔》

說明：幽溪：又名傳燈，號無盡，俗姓葉。明朝萬曆、天啓間人，住幽溪高明寺，立天臺祖庭，被譽爲「中興天臺」的人，同時修學淨土，著述甚豐。

語譯：大凡諸佛應身接物，有四種利益，第一，以形體利益衆生，譬如示現莊嚴色相。第二，以佛光利益衆生，諸如放光。第三，以音聲利益衆生，諸如講經說法。第四，以神通利益衆生，諸如示現種種神通。唯有阿彌陀佛，在這四種利益之外，更加上以名號接引衆生。以名號饒益衆生是阿彌陀佛在因地時所發的大願之一。上述四種利益衆生的方式，攝護面較狹，唯有以名號饒益衆生的方式聞阿彌陀佛並口誦阿彌陀佛。不但一稱佛號，阿彌陀佛的萬德一齊彰顯，而且佛的無邊聖德，延攬滲入衆生的八識心田，永遠作爲佛種，除滅罪障，悟證佛道。其功效不可以用思惟去計度，不可以以語言來議論，念佛所導致的善根功德，不可小視！

名召萬德，亦成我心

阿彌陀如來在因地上，發了種種大願，多少劫的修行成了佛，他這是無量種種功德的果實。現在把佛的這樣一個果地覺悟的果實，作爲我們博地凡夫，生死苦海中衆生在因地中修行的初心。阿彌陀佛這句佛號具有萬德，我念阿彌陀佛，我的心就是這句阿彌陀佛，這句就有阿彌陀佛的萬德，就成了我的心了。所以我的心召來了阿彌陀如來的萬德，直截了當不可思議。

黃念祖：《心聲錄》

念佛同於吃蜜

這個阿彌陀佛名號乃是萬德所成的。如蜜蜂採集了多種鮮花，釀成了蜜。我們吃的是蜜，不要直截吃花粉。我們念佛，同於吃蜜。這是佛採百花之精而成的蜜，我們食蜜即是吃了百花之精，佛的名號就是蜜，這是萬德莊嚴圓滿的果實。佛成了佛了，成就了名號，所以這個名號就具有萬德。你念這個名字，就召來名號中的萬德。

黃念祖：《淨土資糧》

名號即法身

然初入此門，必依乎數。日須克定課程，自一而萬，自萬而億。念不離佛，佛不異心。如月在水，月非水內；如春在枝，春非枝外。如是念佛，名字即法身，名字性不可得故。法身即名字，法身遍一切故。乃報化不異名字，名字不異報化，亦復如是。如是念佛，持一佛名，全收法界。全法界名，全法界收。非過去、非現在、非未來，亦非南西北方四維上下。十方三世，當念無餘，不歷剎那，成佛已竟。

彭際清：《華嚴念佛三昧論》

說明：彭際清（西元一七四〇～一七九〇年）：字允初，號二林居士，清代進士。中年皈佛，受菩薩戒，生平專修專弘淨土，撰述宏富，對近代淨宗的昌盛，有開啓之功。

語譯：然而，起初修行淨土法門，一定要依乎數量，每日要規定課程。由一而萬，自萬而億，漸漸增加。這樣念頭不離開佛，佛與心沒有兩樣。譬如月亮映在水裡，並不是月亮在水裡頭；譬如春在枝上，春不在枝頭外面。這樣念佛的話，一句名字即是佛的法身。因為名字離開了法身，就沒有另外的自性。佛的法身即是名字，因為法身遍及一切。既然遍及一切，法身當然也就遍在名字裡頭。不但法身和名字是這樣，佛的報身、化身是這樣。報身、化身和名字沒有兩樣，名字和報身、化身也沒有兩樣。

這樣念佛，念一個佛名，就全收法界。因為所念的一個名字就是全法界的名字，當然便收了全法界。念這一句不是過去、不是現在、也不是未來，也不是南方、西方、北方，四維上下。離開時間，離開空間，這麼念佛的話，十方三世一切佛，都在當下的一念中，齊聚無遺；不經過剎那便已經成佛了。

由念佛故，往生淨土，依食自然，財寶具足，即攝布施。由念佛故，往生淨土，得男子身，具六神通，即攝持戒。由念佛故，往生淨土，得端正可喜三十二相、八十種好，即攝忍辱。由念佛故，往生淨土，水鳥樹林，佛及菩薩總皆說法，聞是音已，皆自生念佛、念法、念僧之心，即是精進。由念佛三昧更無異緣，專注一境，即是禪定。生彼國已，自然解了一切佛法，即是智慧。故念佛一法攝六度果報，過於財施百千萬倍。

善導大師：《念佛鏡》

語譯：由於念佛的緣故，往生西方極樂世界，衣服飲食自然而至，財寶具足，這就含攝了布施。由於念佛的緣故，往生西方極樂世界，得男子身，具六種神通（天眼通、天耳通、他心通、神足通、宿命通、漏盡通），這就含攝了持戒。由於念佛的緣故，往生西方極樂世界，獲得端正可喜的三十二相、八十種隨形好，這即含攝了忍辱。由於念佛的緣故，往生到西方極樂世界，水鳥樹林、阿彌陀佛及其大菩薩眾常常宣說法音；眾生聞到這些法音後，自然都會生出念佛、念法、念僧的心，這即是精進。由於念佛三昧中不會有異緣的夾雜，心念專注一境，這即是禪定。生到西方極樂世界後，自然悟解一切佛法，這就是智慧。所以，念佛一法含攝六度的果報，超過財物的布施百倍、千倍、萬倍。

念佛即是戒、定、慧

若能體達戒、定、慧熏修，則一大藏經教，所謂念念常住，即念百千萬億卷經者此也；亦復識此戒、定、慧，即是念佛法門。何也？戒乃防非為義，若能一心念佛，諸惡不敢入，即戒也。定乃除散為義，若一心念佛，心不異緣，即定也。慧乃明照為義，若觀佛聲，字字分明，亦觀能念所念，皆不可得，即慧也。如是念佛，即是戒、定、慧也。

蓮池大師：《雲棲法彙》

說明：蓮池大師（西元一五三五～一六一五年）：諱袾宏，字佛慧，棲心淨土，同時融通禪教。道播寰宇，從其化者甚眾，著述甚豐。《阿彌陀經鈔》、《雲棲法彙》是淨宗經典著作。後世尊他為淨宗第八祖。臨終往生瑞相昭著。

語譯：倘若能夠體解通達戒、定、慧的熏習修持，那麼，一大藏經的教義，念念常住心田。即便念百千萬億卷經也就是這戒、定、慧。又認識這戒、定、慧，就是念佛法門。爲什麼呢？淨土戒律的意義是止惡，倘若能一心念佛，諸惡不敢侵入，即是持戒。禪定的意義是消除散亂，若能一心念佛，心不攀緣他物，即是禪定。智慧的意義是明照，倘若觀聽佛號，字字分明，又觀察能念之心和所念之佛，皆不可得，即是智慧。這樣念佛，就是戒、定、慧。

持念佛名，必成三昧

浴大海者，已用於百川，念佛名者，必成於三昧。一言以蔽，其在茲焉。亦猶清珠下於濁水，濁水不得不清；佛想投於亂心，亂心不得不佛。既契之後，心佛雙亡。雙亡定也，雙照慧也，即定慧齊均。亦何心而不佛？何佛而不心？心佛既然，則萬境萬緣無非三昧者也。而世上之人，多念過去釋迦之月面，想現在彌陀之海目，如拔毒箭矣，如登快樂宮矣。吾亦以之爲至教矣。

飛錫：《念佛三昧寶王論》

說明：飛錫，唐代高僧，初學律儀，為時所欽，後修密教，多所親證。並兼習儒、墨、黃冠之說，長於撰文，一時號為大家。

語譯：在大海裡洗浴的人，已享用了百川之水，持念阿彌陀佛名號的人，必定成就正定。用一句話來概括就是：一切三昧都包攝在念佛三昧中了。又猶如清水珠放到濁水裡，濁水不得不清；佛號投入亂心裡，亂心不得不佛。心與佛契合之後，心與佛兩方都消失。心佛消失即是禪定，心佛雙照即是智慧，也就是定慧等持均平。到這個境界，又有什麼心不是佛，什麼佛不是心呢？心佛既然合一，那麼，萬境萬緣無一不是三昧。世間的人，大多憶念過去釋迦牟尼佛的豐盈如月的面容，專想現在阿彌陀佛的清淨海目，如同拔除心性內的毒箭，如同登上快樂的宮殿，我也以為念佛是至尊殊勝的法門。

佛、菩薩呼引衆生上大願船

《淨土傳》云：「阿彌陀佛與觀音、勢至二菩薩，乘大願船，泛生死海，就此娑婆世界，呼引衆生，上大願船，送至西方。如肯往者，無不得生也，若信心肯往，雖有罪惡，亦無不得生。」

蓋不慈悲不足爲佛；不濟度衆生不足爲佛；不有大威力不足爲佛。爲其慈悲，故見衆生沈於苦海而欲濟度；爲其有大威力，故能遂濟度之心成濟度之功也，此所以爲佛也。經云：「大醫王能治一切病，不能治命盡之人；佛能度一切衆生，不能度一切不信之人。」以不信比命盡者，可謂極矣。王日休：《龍舒淨土文》

語譯：《淨土傳》說：「阿彌陀佛與觀世音菩薩、大勢至菩薩，乘大願船，泛生死海，在這個娑婆世界，呼引衆生上大願船，送到西方極樂世界去。衆生如果願意前往，沒有一個不能到達西方淨土的。倘若堅固信心，願意往生西方極樂世界，雖然犯有罪惡，也都能夠蒙佛力加持，得以往生。」

不慈悲不足爲佛，不濟度衆生不足爲佛，不具大威力不足爲佛。正是由於慈悲，所以看見衆生沈淪苦海而生濟度之心；正是由於有大威力，所以能夠使濟度衆生的心願成爲濟度衆生的功德。這就是佛之所以稱爲佛的因緣。經書說：「大醫王能治一切病，但不能治生命停息的人；佛能度一切衆生，但不能度沒有信根的衆生。」以沒有信根比擬生命停息，是十分貼切的譬喻。

他力法門如水路乘船

如來雖說八萬四千法門，唯有念佛一門是爲他力，餘門修道總爲自力。餘門修道，猶如陸地步行；念佛修道，猶如水路乘船，里數極多，而復不同。念佛往生亦復如是，用功極少，早證菩提。念佛法門，由乘阿彌陀佛本願力故，速疾成佛，超過餘門百千萬倍。

道鏡、善導：《念佛鏡》

語譯：如來雖然宣說了八萬四千法門，其中唯有念佛一門是他力法門，其他的法門修道都是自力法門。以其他法門修道，猶如陸地步行；以念佛法門修道，猶如水路乘船。所行的路程極多，遠超步行的速度。念佛往生西方淨土，也是一樣。用功極少，卻能很快地證得佛果。念佛法門，由於乘阿彌陀佛的本願力，速疾成佛，超過其他法門百千萬倍。

難行道與易行道

於此世界修道，有二種，一者難行道，二者易行道。難行道者：在於五濁惡世，於無佛時求阿鞞跋致，甚難可得。此難無數塵沙，說不可盡。略陳有五：一者外道相善，亂菩薩法。二者無賴惡人，破他勝德。三者顛倒因果，能壞梵行。四者聲聞自利，障於大慈。五者唯有自力，無他力持。譬如跛人步行，一不過數里，極大辛苦，謂自力也。

易行道者：謂信佛語，教念佛三昧，願生淨土，乘彌陀佛願力攝持，決定往生不疑也。如人水路行藉船力，故須臾即至千里，謂他力也。

智者大師：《淨土十疑論》

語譯：在這個世界修道，有二種途徑，第一種是難行道，第二種是易行道。難行道是指：在這五濁（劫濁、見濁、煩惱濁、眾生濁、命濁）惡世，於沒有佛示現的時代，希望證得不退轉位，極為艱難。其障礙比無量無數的塵沙還多，說也說不盡。概略地說有五種障難：第一、外道張揚善行法術，擾亂菩薩法。第二、無賴惡人，破壞修行者的殊勝德行。第三、顛倒因果，能毀壞清淨梵行。第四、小乘行人自利自度，障礙大慈心。第五、唯有自力，沒有他力的攝持。譬如跛人步行，一日不過數里，極大辛苦，這就叫自力。

易行道是指：深信釋迦牟尼佛所教導的念佛法門，發願往生西方極樂世界。乘阿彌陀佛的願力攝持，決定能得往生西方淨土。對此法門深信不疑。譬如人行水路，借助船力，須臾即到千里之外，這就叫他力。

不依佛力，功行難圓

此土行人，縱能伏惑發悟，而未證無生，寧逃後有。不依佛力，功行難圓。必待回向東邦，親承授記，淨諸餘習，成滿願王，斯爲一門超出妙莊嚴路。其或粗窺向上，未盡疑情，尤須專一持名，翹勤發願，如子憶母，畢命爲期。加以教觀熏修，助發勝智，感應道交，功無虛棄。斯則全憑一念，便攝諸門，所貴絕利一源，切忌回頭轉腦。

彭際清：《華嚴念佛三昧論》

語譯：這個娑婆世界的修行人，縱然伏住無明惑業，縱然開悟，可是他沒有證到無生法忍，怎麼逃得出生死輪轉，不受輪迴呢？如果不依靠佛的力量，功德善行就難以圓滿。一定要等往生到西方極樂世界，見佛聞法，阿彌陀佛給你授記，你無始劫以來的習氣，都給清淨了。你的願王就圓滿成就了，就可以廣度一切衆生成佛了。從這一個門就超出了，這就是勝妙的最莊嚴之路。

禪宗裡你粗粗的看到一點向上的氣氛，可是自己心中的疑情還沒有斷盡，尤其需要一心專念南無阿彌陀佛。殷切勤常地發願，願往生西方極樂世界。像孩子憶念母親那樣憶念阿彌陀佛。念佛和發願應堅持到最後一口氣，直到生命終了。另外，還要讀誦大乘經典，幫助你發生殊勝的智慧，感應之道自然相合，用的工夫絕不白費。

就憑這一念阿彌陀佛，就把菩薩的六度萬行，一切法門都攝在裡頭了。所貴的是杜絕利欲的干擾，心志專一地持念阿彌陀佛，切忌徘徊觀望。

修慧以念佛爲最

修慧在乎觀心，修福在乎萬行。觀心以念佛爲最，萬行以供養爲先，是二者乃爲總持。吾人日用一切，起心動念，皆是妄想，爲生死本，故招苦果。今以妄想之心，轉爲念佛，則念念成淨土因，是爲樂果。若念佛心心不斷，妄想消滅，心光發露，智慧現前，則成佛法身。

憨山大師：《憨山老人夢遊集》

語譯：修慧的要門在觀心，修福的要門在萬行。觀心以念佛最爲殊勝，萬行以供養佛、法、僧三寶爲優先，修慧修福是一切法門的總持。我們在日常的待人接物中，起心動念全是妄想，這些妄想就是生死根本，由此招感苦果。如今以妄想心轉爲念佛，則念念成爲往生淨土的因，這就是快樂的果。倘若念佛的心念不間斷，妄想消滅，心光發露，智慧現前，則能成就佛的法身。

依仗佛力出三界

念佛一法，乃仗佛力出三界，生淨土耳；今既不發願，亦豈有信？信願全無，但念佛名，仍屬自力；以無信願，故不能與彌陀宏誓，感應道交。

淨土一法，以信願行三法爲宗。行如車牛，願如御者，信如前導；導與御者，正成就其車牛之進趣（趣）耳。

印光大師：《印光法師文鈔》

語譯：念佛一法是仰仗佛力超出三界（色界、欲界、無色界），往生西方淨土。現在既不發願往生，又怎麼會有深信呢？如果全然沒有信願，只是念佛名號，仍然屬於自力。由於沒有具備信願，所以不能與阿彌陀佛的宏誓大願感應道交。

淨土一法以信願行三法爲宗趣。「行」譬如車和牛；「願」譬如御者；「信」譬如前導。前導與御者，正是成就其車牛的進展與趨向。

帶業往生猶如大石置船

王問那先：「人生造惡，臨終念佛，得生佛國，我不信是語。」那先答言：「如持大石置於船上，因得不沒；人雖本惡，因念佛故，不入泥犁；其小石沒者，如人作惡，不知念佛，便入泥犁中。」《那先經》

說明：那先：比丘名，生於佛滅度後，應宿願出家，得阿羅漢集。那先有一個老朋友，也是應宿願來做國王。國王善於提問，那先一一解答。這部經已佚，轉摘自道綽大師《安樂集》。

語譯：國王問那先比丘：「人在生前造惡業，臨終念佛，便得生佛國，我不相信這話。」那先比丘回答：「譬如將大石放置在船上，因而大石不會沈沒水中；人雖然造了許多惡業，因爲念佛而不墮入地獄。有的小石反而沈沒水中，譬如有人作了惡業，不知念佛，便墮入地獄中。」

寧受地獄苦，得聞諸佛名

夫法身無朕，假於名而法身顯矣；報化無邊，緣於名而報化該矣。〈須彌偈贊品〉云：「寧受地獄苦，得聞諸佛名；不受無量樂，而不聞佛名。所以於往昔，無數劫受苦，流轉生死中，不聞佛名故。」但聞佛名，已植勝因，何況數數繼念。

彭際清：《華嚴念佛三昧論》

語譯：法身沒有什麼迹相，但是假藉這個名字，法身就顯現了。無邊的報身、化身，也因你憑據這個名字，一切報身、化身都概括進去了。

〈須彌偈贊品〉說：「我寧可受地獄的苦，而能聽到諸佛的名字；我不願意享受種種的無量的快樂，而不聞佛的名字。之所以往昔無數劫受苦，在生死中流轉，就是因為沒有聽到佛的名字。」只聽見佛的名字，就已經種了很殊勝的因，何況念念相繼不斷地念佛！

生死海中，念佛第一

生死海中，念佛第一。人生百歲，不聞此言，不如孩童而得聞此；官高一品不聞此言，不如布衣而得聞此；富積千箱不聞此言，不如貧士而得聞此；讀書萬卷不聞此言，不如愚人而得聞此。乃世之人，實有聞者，有不聞者；聞之又有信與不信者，既信矣，或修或不修；即修矣，又或專或不專，斯皆前世之障為之也。故大心衆生獨能奮脺念佛以了生死，而障不能礙，是之謂烈丈夫。

丁蓮侶：《出世芥火》

語譯：生死海中，念佛第一，人生百歲不聞這句話，不如孩童而得聞這句話；官高一品不聞這句話，不如布衣百姓而得聞這句話；富積千箱不聞這句話，不如貧士而得聞這句話；讀書萬卷不聞這句話，不如愚人而得聞這句話。這個世間的人，實在有聽到這句話的，有沒聽到這句話的；聽到這句話的，有相信、有不相信的；

相信了這句話，有或修行、或不修行的；即便修行，又有或專修、或不專修的；這些都是前世的業障所致。所以，發大心的衆生獨能奮勉勤苦念佛，以了生死，而業障不能阻礙，這類念佛人就叫做烈丈夫。

求生淨土，不辜負佛恩

釋迦牟尼佛乘大悲救苦之願，爲此娑婆穢土中之教主，聖口叮嚀，勸吾人厭棄離脫此娑婆穢土，而欣慕往生彼安樂淨土。吾人唯能順佛之教，依教奉行，乃得謂之皈依佛法，不辜負佛恩耳。

太虛大師：《念佛法門略說》

說明：太虛大師（西元一八八九～一九四七年）：法名唯心，號昧庵，俗姓呂，浙江崇德人，早年出家，師事寧波天童寺寄禪。太虛大師極力主張改革佛教教理、教制、倡導佛教復興運動，提倡「人間淨土」，著有《太虛大師全書》行世。

語譯：釋迦牟尼佛乘大悲救苦的大願，來做這個娑婆穢土中的教主。聖口叮嚀，勸我們厭棄離脫這個娑婆穢土，而欣慕往生阿彌陀佛的安樂淨土。我們唯有順從佛的教誨，依教奉行，才可說是皈依佛法，不辜負佛的恩德。

佛化吉祥

佛所行處，國邑丘聚，靡不蒙化，天下和順，日月清明，風雨以時，災厲不起，國豐民安，兵戈無用，崇德興仁，務修禮讓，國無盜賊，無有怨枉，强不凌弱，各得其所。

《佛說大乘無量壽莊嚴清淨平等覺經》

語譯：佛法流行的地方，國城、鄉鎮、村落，都能得到佛的教化，呈現一派祥和景象：世界和平、日月清朗、風調雨順、既無自然災禍，又無瘟疫流行，國家富庶繁榮，人民安居樂業，世間沒有戰爭，武器無有用場，社會尊崇道德，興起仁義，踐行禮讓，國無盜賊，法律訴訟，嚴明公正，沒有怨枉，强者不凌侮弱者，人人各得其所。

方便中第一方便

持名一法，收機最廣，下手最易。故釋迦慈尊，無問自說，特向大智舍利弗拈出，可謂方便中第一方便，了義中無上了義，圓頓中最極圓頓。故云：「清珠投於濁水，濁水不得不清；佛號投於亂心，亂心不得不佛也。」蕅益大師：《阿彌陀經要解》

語譯：持名念佛的法門，攝收的根機最廣泛（上至等覺菩薩，下至畜生、地獄的眾生），下手修持最容易（只要持念六字洪名）。所以，慈悲的釋迦牟尼佛，不等弟子啓問而自己主動宣說，特地向智慧第一的大弟子舍利弗說出。淨土的法門可以說是方便中第一方便，大乘了義中無上的了義，圓融頓超中最極圓融頓超。所以說：「清水珠投到渾濁的水中，濁水不得不清；佛號投到亂心裡，亂心不得不轉爲佛心。」

如來護念念佛人

佛告迦葉菩薩：「若有善男子、善女人，常能至心專念佛者，若在山林，若在聚落，若晝若夜，若坐若臥，諸佛世尊常見此人，如現目前，恆與此人而作受施。」《涅槃經》

語譯：釋迦牟尼佛告訴迦葉菩薩：「若有善男子、善女人，經常能夠至心專念佛號，或在山林念佛，或在聚落念佛，或白天或黑夜念佛，或坐或臥念佛，一切佛世尊能常見到這念佛人，如同出現在眼前，恆常與這念佛人同在，接受施奉。」

佛光唯攝念佛人的三種因緣

問曰：「備修衆行，但能迴向，皆得往生，何以佛光普照唯攝念佛者？有何意也？」答曰：「此有三義：一明親緣，衆生起行，口常稱佛，佛即聞之，身常禮敬佛，佛即見之；心常念佛，佛即知之。衆生憶念佛者，佛亦憶念衆生，彼此三業不相捨離，故名親緣也。二明近緣，衆生願見佛，佛即應念現在目前，故名近緣也。三明增上緣，衆生稱念，即除多劫罪。命欲終時，佛與聖衆自來迎接，諸邪業繫，無能礙者，故名增上緣也。自餘衆行，雖名是善，若比念佛者，全非比較也。是故諸經中處處廣贊念佛功德。」

善導大師：《觀經四帖疏》

語譯：有人問：「廣修衆多的善行，只要能將功德迴向，都得往生極樂世界，爲什麼佛光普照，唯獨攝護念佛的人呢？這其中有什麼深意呢？」回答是：「這裡有三層含義：第一，表明親緣。衆生修行，只常稱念阿彌陀佛名號，阿彌陀佛即能聽到；身常禮敬阿彌陀佛，阿彌陀佛即能見到；心常憶念阿彌陀佛，阿彌陀佛即會知道。衆生憶念阿彌陀佛，阿彌陀佛也在憶念衆生，衆生的身、口、意三業與佛的身、口、意三業不相捨離，所以稱爲親緣。第二，表明近緣。衆生願見阿彌陀佛，阿彌陀佛即時應念顯現在衆生面前，所以稱爲近緣。第三，表明增上緣。衆生稱念阿彌陀佛，即除滅多劫重罪。臨命終時，阿彌陀佛與衆多的菩薩、聲聞自然會來迎接，諸多的邪業企圖羈束，由於佛力加持，不能構成念佛人往生的障礙，所以稱爲增上緣。其他衆多的修行，雖然也是善業，倘若欲與念佛法門相比，簡直難以比較。所以，諸多經論中處處廣贊念佛的功德。」

罹遭惡病，求佛得瘥

時毗舍離國人民，遭五種惡病，（中略）良醫耆婆，盡其道術，所不能救。時有月蓋長者爲首，部領病人，皆來歸佛，叩頭求哀。爾時，世尊起無量悲愍，告病人曰：「西方有阿彌陀佛、觀世音、大勢至菩薩；汝等一心合掌求見。」於是大衆皆從佛勸，合掌求哀。爾時，彼佛放大光明，觀音、大勢至一時俱到，說〈大神咒〉，一切病苦皆悉消除，平復如故。

然二佛神力，應亦齊等。但釋迦如來，不申己能，故顯彼長，欲使一切衆生，莫不齊歸。是故釋迦處處嘆歸，須知此意也。

道綽：《安樂集》

語譯：那時，毗舍離國的人民，罹遭五種惡病，醫術高超的良醫耆婆，盡其道術還是不能療救惡病。當時，月蓋長者發起，率領病人，來到釋迦牟尼佛的住所，叩頭求哀。那時，釋迦牟尼佛對生病的民衆生起無量的悲憫。便勸告病人說：「西方有阿彌陀佛、觀世音菩薩和大勢至菩薩，你們一心合掌求見。」於是，大衆全都聽從釋迦牟尼佛的勸告，合掌求哀。就在那時，阿彌陀佛放大光明，觀世音菩薩和大勢至菩薩一時俱到，宣說〈大神咒〉，大衆的一切病苦當即全都消除，康復如初。

雖然二佛的神力平等無二，但是，釋迦牟尼佛不伸張自己的能力，故意顯露阿彌陀佛的長處，意在欲令一切衆生全都歸向西方極樂世界。所以，釋迦牟尼佛對阿彌陀佛國處處贊嘆歸向，我們須知此中的深意。

念佛是往生的因緣

經云：「若有信者，應當發願。」故信爲入門之要務，人若不信，便不能念佛，不能念佛，便是無善根無福德無因緣矣。如此甘露法門，乃竟於我無分，豈不痛惜！余每誦經至此，不覺毛骨悚然，有時淚下如雨，既復幡然自慰曰：「只愁不欲往生耳，果能信得阿彌陀佛真，便是我之善根；果能發得菩提心切，便是吾之福德；果能念得如來聖號，便是吾之因緣，安有不往生之理？」

周夢顏：《西歸直指》

說明：周夢顏：字安士，自號懷西居士，清朝人，博通經藏，深信淨土法門，臨終香湯沐浴，談笑往生。

語譯：《阿彌陀經》云：「若有相信念佛法門的人，應當發願往生西方淨土。」所以，信爲入佛門的關鍵。人如果不相信，便不能念佛，便是無善根無福德無因緣。如此甘露法門竟至於我無分，豈不痛惜！我每次誦經到此處，不覺毛骨悚然，有時淚下如雨，復又轉而自慰言：「所擔憂的只是沒有往生的意願，果眞信阿彌陀佛，便是我的善根；果眞痛切發菩提心，便是我的福德；果眞持念阿彌陀佛聖號，便是我的因緣；那有不得往生西方淨土的道理？」

具佛的心，念心具的佛

所謂信者，釋迦如來梵音聲相，決無誑語，彌陀世尊大慈悲心，決無虛願。且以念佛求生之因，必感見佛往生之果；如種瓜得瓜，種豆得豆，響必應聲，影必隨形；因不虛棄，果無浪得。此可不待問佛而能自信者也。況吾人現前一念心性，終日隨緣，終日不變，橫遍豎窮，當體無外。彌陀淨土，總在其中。以我具佛之心，念我心具之佛，豈我心具之佛，而不應我具佛之心耶？《往生傳》載，臨終瑞相，班班列列，豈欺我哉！

徹悟禪師：《徹悟禪師語錄》

語譯：所謂信，就是信釋迦如來梵音聲相決不會打誑語，阿彌陀佛大慈悲心決沒有虛願。而且以念佛求生的因，肯定會感得見佛往生的果。就像種瓜得瓜，種豆得豆，音必應聲，影必隨形。「因」是不會虛棄的，「果」是不可能隨便得到的。

這不須去問佛，自己就可以相信的。況且我們的一念心性，是不斷地隨緣而又始終不變的；它是橫遍十方，豎窮過去、現在、未來三際的。所以，阿彌陀佛的淨土也在其中。既然彌陀淨土就在我們的心性之中，那麼，以我本具佛性的心，念我心性所具的佛；那有心具的佛，不響應我具佛的心呢？《往生傳》中記載的念佛人臨終種種瑞相，難道會欺騙我們嗎？

念佛是從果覺上起修

凡夫念佛，即是從佛的果覺上起始修行；譬如從開荒、除草、選種、播種、選苗、除病蟲害、收割、脫粒、磨粉，然後蒸成了饅頭，這就譬喻佛在無量劫中，勤修六度萬行，處處爲衆生捨身流血等等；無量功德圓滿，成就了萬德洪名，這是四十八願的結晶，也都是佛的果實。我們持名念佛就譬如吃饅頭，饅頭已蒸好，留給我們去做的只是吃。佛號已成實，我們享受現成。我們只須念，直接享受佛的果實。所以只要我們至心信樂，願生其國，乃至十念，皆得往生。可見信願持名之法，真實是第一方便，無上了義，和最極圓頓了。

黃念祖：《淨土資糧》

㈢、信因

信願持名，得生淨土

信因者，深信散亂稱名，猶爲成佛種子；況一心不亂，安得不生淨土？是名信因。

蕅益大師：《阿彌陀經要解》

語譯：信因的含義是：深信散亂稱念阿彌陀佛名號，猶爲成就佛道的種子。何況一心稱念阿彌陀佛名號，那有不往生西方淨土的道理呢？這就叫做信因。

念佛如同香氣改變惡臭

佛告父王：「諸佛果德，有無量深妙境界，神通解脫，非是凡夫所行境界。故勸父王行念佛三昧。」父王白佛：「念佛之功，其狀云何？」佛告父王：「如伊蘭林①，方四十由旬，有一棵牛頭栴檀②，雖有根芽，猶未出土。其伊蘭林唯臭無香，若有噉其華果，發狂而死。後時栴檀根芽漸漸生長，才欲成樹③，香氣昌盛，遂能改變此林，普皆香美；衆生見者，皆生希有心。」佛告父王：「一切衆生在生死中，念佛之心亦復如是。但能繫念不止，定生佛前。一得往生，即能改變一切諸惡，成大慈悲，如彼香樹改伊蘭林。」

《觀佛三昧經》

注譯：①伊蘭林：伊蘭，樹名，花可愛，氣味甚平心，其惡臭飄及四十里。伊蘭林譬喻衆生無邊的煩惱。②牛頭栴檀：又稱赤栴檀，栴檀為香樹名，出自牛頭山，故名牛頭栴檀，栴檀譬喻衆生念佛之心。③才欲成樹：譬喻一切眾生，但能念佛不間斷，道業自然成就。

語譯：釋迦牟尼佛告訴父王淨飯王：「一切佛果地上的功德，有無量無邊的深邃奧妙的境界，神通解脫，不是凡夫的心量所能測度的。所以，奉勸父王修行念佛三昧。」父王問佛：「念佛的功德，是什麼樣的呢？」佛告訴父王：「譬如伊蘭林，方圓有一百六十里。其中有一棵牛頭栴檀，雖然有根芽，但尚未破土而出。這伊蘭林唯有惡臭，沒有香味。若有人噉食樹上的花果，便會發狂而死去。後來，栴檀的根芽漸漸生長出來，長到快成爲樹時，香氣昌盛濃烈。於是便能轉變伊蘭林的惡臭，其香氣美味遍佈四溢。衆生目睹這個情景，都生起稀有傾慕之心。」佛告訴父王：「一切衆生在生死流轉中，念佛的心也是這樣，只要能繫心念佛不間斷，一定能生到佛前。一旦往生到佛土，即能改變一切惡業，成就大慈悲，如同那栴檀樹的香氣改變伊蘭林的惡臭一樣。」

持名念佛淨四土

信願持名，消伏業障，帶惑往生，即是凡聖同居淨土；信願持名，見思①斷盡而往生者，即是方便有餘淨土；信願持名，豁破一分無明②而往生者，即是實報莊嚴淨土；信願持名，持到究竟之處，無明斷盡而往生者，即是常寂光淨土。故持名能淨四土，亦的確不謬也。

蕅益大師：《阿彌陀經要解》

注釋：①見思：即見思惑。由身見、邊見等生起的叫見惑；由貪欲、瞋恚等生起的叫思惑。捨離見思二惑即能跳脫三界。②無明：對根本理體的迷惑，又叫根本無明。

語譯：深信切願，持名念佛，能夠伏住業障，帶惑往生，即可生到凡聖同居淨土；深信切願，持名念佛，能夠斷盡見思二惑而往生，即可生到方便有餘淨土；深信切願，持名念佛，能夠豁破一分根本無明而往生，即可生到實報莊嚴淨土；深信切願，持名念佛，如能念到業盡情空的極處，斷盡一切根本無明而往生，即可生到常寂光淨土。所以，持名念佛能夠清淨四土，的確是眞實不謬的。

十法界的因果，唯心所造

夫心猶金也，十法界因果，猶種種莊嚴器具也。然天下容有不造器之頑金，斷無不造十法界之頑心。縱一念不生，仍造成無想外道矣。故大智慧人，深悟唯心，必勤念佛，所謂此心作佛，此心是佛。

蕅益大師：《靈峯宗論》

語譯：心性如同黃金，十法界的因因果果，猶如黃金熔鑄的種種莊嚴器具。然而，天下或許有不能鍛造器皿的頑金，但決沒有不造作十法界的頑心。縱然一念不生，仍是造作無想的外道果。所以，大智慧的人深悟萬法唯心所造的道理後，必定勤勉念佛。所謂此心作佛，此心是佛。

此間念佛，西方七寶池生蓮花一朵

或者疑之云：「人此間念佛，西方七寶池中如何便生蓮花一朵？」子告云：「此不難知也。譬如大明鏡，凡有物來便現其影，鏡何嘗容心哉？以其明而自然耳。阿彌陀佛國中，清淨明潔，自然照見十方世界，猶如明鏡睹其面像。是故此間念佛，西方七寶池自然生蓮花一朵，無足疑也。」

或者又疑之云：「有修行精進，臨終之時，佛與菩薩來迎。且如十方世界，有無量衆生精進，烏能皆知其期而往迎乎？」曰：「亦自然耳，譬如天上一日，普照無量境界，豈不自然哉？況佛之威神不止如日月乎。」

王日休：《龍舒淨土文》

語譯：有人懷疑說：「人在這個世界念佛，西方極樂世界的七寶池中，爲何便生出蓮花一朵呢？」我告訴他說：「這並不難明白。譬如大明鏡，凡是有物到來便顯現物影。大明鏡何嘗有心呢？只是由於鏡子明亮，自然可以現物而已。阿彌陀佛的極樂世界中，淸淨明潔，自然照見十方世界，猶如明鏡中睹見其面像。所以，在這世界念佛，西方極樂世界七寶池中自然出生蓮花一朵，這是不容懷疑的。」

又有人懷疑說：「修行精進的人，臨命終時，阿彌陀佛與諸菩薩衆來接引；而十方世界有無量無數的衆生精進修行，佛、菩薩怎麼能盡知他們的命終之期而前往接引呢？」回答：「這是自然而然的。譬如天上有一輪太陽，普照無量無數的境界，豈不是自然而然嗎？何況阿彌陀佛的威神光明遠遠超勝日月。」

遇緣的大小決定往生的品位

看此《觀經》定善，及三輩上下文意，總是佛法去世後，五濁凡夫，但以遇緣有異，致令九品差別。何者？上品三人，是遇大凡夫；中品三人，是遇小凡夫；下品凡夫，是遇惡凡夫。以惡業故，臨終藉善，乘佛願力，乃得往生。

善導大師：《觀經四帖疏》

語譯：審究這部《觀無量壽經》定善的標準，以及三輩九品往生淨土的上下文含意，概括來說，是佛的正法在這個世界消失後，五濁（劫濁、見濁、煩惱濁、衆生濁、命濁）凡夫，只是由於所遭遇的機緣有差異，因而致有三輩九品往生的差別。爲什麼呢？上輩三品往生的衆生是遇到大機緣的凡夫；中輩三品往生的衆生是遇到小機緣的凡夫；下輩三品往生的衆生是遇到惡緣的凡夫。遇惡緣的衆生，以現世多造惡業的緣故，臨命終時，憑藉宿世善根，乘阿彌陀佛的本願力，方能往生西方極樂世界。

深信善惡因果報應和佛、菩薩的靈感

佛教的基本原則，就是深信善惡因果報應的道理。善有善報，惡有惡報。同時還須深信佛、菩薩的靈感。善惡因果報應和佛、菩薩靈感的道理，雖然很容易懂，可是能徹底相信的卻不多。這所謂信，不是口頭上說說的信，是要內心確確實實的去信。這是很容易明白的道理，若要確確實實地去信，卻是不容易的。我以爲無論如何，必須深信善惡因果報應和諸佛、菩薩靈感的道理，這才有做佛教徒的資格。須知善有善報，惡有惡報，這種因果報應，是絲毫不爽的。又須知我們一個人所有的行爲，一舉一動，以至起心動念，諸佛、菩薩都是看得清清楚楚的。一個人若能這樣十分決定地信著，他的品行道德，自然會一天一天的高起來。

弘一大師：《弘一大師文鈔》

六道輪迴，三世因果是佛學的前提

佛學的基本是建立在六道輪迴、三世因果上。但是據我幾十年的經驗所知，學佛學道的人，沒有幾個真正相信六道輪迴，更沒有人相信三世因果，至少沒有絕對的相信。這並不是迷信，至少在理論上搞得清楚的人沒有，至於事實上求證到的更是沒有。這些都是值得大家反省的地方。

因爲不相信六道輪迴、三世因果，所以你學禪也好，學密宗也好，學淨土也好，根本基礎是錯誤的。等於想在沙灘上建房子一樣，是不可能的事情。

南懷瑾：《如何修證佛法》

說明：南懷瑾：浙江溫州人，現代學者，居士。寓居臺灣。學識精博，著作甚豐，一度名列「臺灣十大最有影響的人物。」

提倡因果是治世的良方

因果者，世出世間聖人，平治天下，度脫衆生之大權也。當今之世，若不提倡

因果報應，雖佛、菩薩、聖賢俱出於世，亦未如之何矣。　印光大師：《印光法師文鈔》

說明：印光大師將深信因果視為挽救厄運、整飭人心的良方。

語譯：深信因果是世間和出世間聖人平治天下、度脫眾生的極為重要方法。當今的世界，假若不提倡因果報應，雖佛、菩薩、聖賢都同時出現在這個世間，也難於挽救頹運。

一信之後，更不再疑

佛法大海，信為能入。淨土一門，信尤為要。昔王仲回問楊無次曰：「念佛如何得不間斷去？」楊曰：「一信之後，更不再疑。」王欣然而去。未久，楊夢仲回致謝：「因蒙指示，得大利益，今已生淨土矣。」　徹悟禪師：《徹悟禪師語錄》

語譯：佛法大海，信才能進入。淨土法門，信更為必要。古時王仲回請教楊無次：「念佛如何能得不間斷而往生？」楊無次回答：「一信之後，更不再懷疑。」

王仲回欣然而去。不久，楊無次夢見王仲回致謝：「因蒙您的指示，得大利益，我今已往生淨土了。」

㈣、信果

淨土莊嚴，皆從念佛三昧出

信果者：深信淨土，諸善聚會，皆從念佛三昧得出。如種瓜得瓜，種豆得豆；亦如影必隨形，響必應聲，決無虛棄，是名信果。

蕅益大師：《阿彌陀經要解》

語譯：信果的含義是：深信西方淨土，都是諸上善人聚會一處，這些上善人都是從念佛三昧中得以往生的。猶如種瓜得瓜，種豆得豆；又如同影子必定隨形；音響必定應聲一樣。依因感果，果不離因。有念佛之因，必定得到往生淨土之果，決定功無虛棄，這就叫作信果。

一經往生，決定成佛

行菩薩道諸往生者，皆得阿惟越致，皆具金色三十二相，皆當作佛。欲於何方佛國作佛，隨心所願。隨其精進早晚，求道不休，會當得之，不失其所願也。阿難！以此義利故，無量無數、不可思議、無有等等無邊世界諸佛如來，皆共稱讚無量壽佛所有功德。

《佛說大乘無量壽莊嚴清淨平等覺經》

說明：此章說明兼修淨土的大乘行人往生的果位，淨宗的殊勝無比。

語譯：修行大乘其他法門（兼修淨土）的往生者，都能圓證三不退（位不退、行不退、念不退），都能具足金色三十二相，都能一生決定成佛。希望到何方佛剎作佛，便能到何方佛剎作佛，沒有不能如願以償的。至於何時成佛，便取決於往生者的精進程度，只要持之以恆地求道，一定能成就佛果。決定不會違失成佛的本願。阿難！由於這些不可思議的眞實利益，所以，十方無邊世界的無量諸佛，都共同稱讚阿彌陀佛所有的功德。

此土靜坐，得見西方佛國

佛告跋陀和菩薩：「若沙門白衣所，聞西方阿彌陀佛剎，常念彼方佛，不得缺戒，一心念。若一日晝夜，若七日七夜，過七日已後，見阿彌陀佛。於覺不見，於夢中見之。譬如夢中所見，不知晝，不知夜；亦不知內，亦不知外。不用在冥中故不見，不用有所蔽礙故不見。如是跋陀和，菩薩心當作是念時，諸佛國境界名，大山須彌山，其有幽冥之處，悉爲開闢。目亦不蔽，心亦不礙。是菩薩摩訶薩不持天眼徹視，不持天耳徹聽，不持神足到於佛剎。不於是間終，生彼間佛剎乃見。便於是間坐，見阿彌陀佛，聞所說經，悉受得。從三昧中，悉能具足爲人說之。」

《般舟三昧經》

語譯：佛告訴跋陀和菩薩：「倘若出家沙門和在家信士，聽到西方阿彌陀佛的佛剎，便經常稱念阿彌陀佛，不得損犯戒律。一心念佛，或一日一夜，或七日七夜，經過七日以後，見阿彌陀佛。如在醒時見不到佛，便在夢中見到佛。譬如夢中所見，不知白天，不知黑夜；也不知內，也不知外。不因爲在暗冥中便不見佛，不因爲有所障礙隱蔽便不見佛。如果菩薩的心正當這樣念佛時，一切佛國境界的名稱、大山、須彌山，及其幽暗的地方，全都展露無遺。這時，眼睛不會被遮蔽，心也沒有障礙。這個大菩薩不用天眼而能徹視，不用天耳而能徹聽，不用神通而能到達一切佛剎。不必等到在這個世界命終後，生到那個佛剎方能見到。而是在這個世界靜坐，便能見到阿彌陀佛，聽聞到阿彌陀佛所說的經教，都得信受奉行。從念佛三昧中，也全都能具足經教奧義，廣爲他人演說。」

住於念佛，心印不壞

譬有貧人，依豪貴衣食。時有王子出遊，執大寶瓶，瓶內藏王定印。貧者詐來親附，拿寶瓶逃走。王子覺之，使六大兵乘六黑象追之，持瓶人走入空野澤中，毒蛇自四面來，欲囓持瓶者。惶懼而東西馳走，見空澤中有一大樹蓊鬱，頭戴寶瓶，攀樹而上。時六兵疾馳至樹下。貧人見而吞王寶，以手覆面。六黑象以鼻絞樹倒之，貧人墮地，身體散壞，唯金印在寶瓶放光，毒蛇見光四散。佛告阿難：「住於念佛者，心印不壞，亦復如是。」《觀佛三昧經》

語譯：譬如有一窮人，投靠豪富家謀衣食。有一天，王子外出遊玩，帶著大寶瓶，寶瓶內藏了王子的寶印。這窮人假裝過來親近侍奉王子，伺機拿起寶瓶逃跑。王子發現後，命令六個健兵騎六頭黑象追趕盜瓶人。持瓶人跑入空曠野外的沼澤中，有許多毒蛇自四面八方湧來，企圖噬嚙持瓶人。這個持瓶人見狀極爲惶懼，便慌亂地東奔西走。就在那時，看見乾涸的澤地中有一棵繁茂蒼翠的大樹，這人便頭頂寶瓶，攀樹上去。這時，騎黑象的六個健兵疾馳到了大樹下，盜瓶人見狀，便將王子的寶印吞到肚裡，嚇得以手遮面。六頭黑象用鼻子將大樹絞倒。這窮人掉到地上，身骸四肢散壞，唯有金印在寶瓶中放光，毒蛇見到光明便四處散逃。釋迦牟尼佛告訴阿難：「安住於念佛的衆生，心印不壞，也像金印放光一樣。」

淨宗破三輪

此經起由，爲破三輪故；三種輪者，一爲破無常輪，有情無情皆是無常，令生覺悟捨無常故。二爲破不淨輪，有情無情皆是不淨故，生皈淨土，蓮花化生，捨胞胎血肉之身，破有情不淨也；所居淨土無諸穢惡，破器世間不淨也。爲破不淨輪故。三爲破苦輪，諸衆生爲苦逼迫故，令皈淨土除此苦故。爲破此等三種輪故，故說此經。

又爲接引二種衆生故，一爲接引懈怠衆生，怯修大行，多諸退屈，故說此經；因微果著，令身不退故。二爲散亂衆生，馳流諸境，沈淪惡道，故說此經，指示西方令心專注故。

說明：窺基大師（西元六三二～六八二年）：又名慈恩大師，唐代唯識宗大師，承緒玄奘大師之學，參與譯經，撰述極多，稱為百本疏主。

語譯：這部《佛說阿彌陀經》的起由，是為了破三種輪；第一，為了破無常輪。由於有情眾生和無情器物都是無常，此經令眾生覺悟捨棄無常。第二，為了破不淨輪。由於有情眾生和無情器物都是不淨，此經令眾生皈投西方淨土，蓮花化生，捨棄胞胎血肉的身體，破有情眾生的不淨；所居的西方淨土沒有諸多的穢惡，破器世界不淨。所以，此經是為了破除不淨輪。第三，為了破苦輪。由於一切眾生為苦患逼迫，此經令眾生歸趨淨土得以除滅這些苦患。為了破這三種輪，所以，佛宣說這部經。

另外，這部經為了接引二類眾生，第一、為了接引懈怠眾生。這類眾生不敢修持大乘行門，即或受持，也多有退屈。因此，佛宣說這部經，修行念佛法門，用力少而收效昭著，因此能令眾生不退失道心。第二、為了接引散亂眾生，這類眾生心馳諸種境緣，長劫沈淪惡道（畜生、餓鬼、地獄），因此，佛宣說此經，指示西方極樂世界，令這類衆生的心得以專注。

念佛滅障，超生淨土

有諸菩薩，自言謗大般若，墮惡道，歷無量劫。雖修餘行，不能滅罪。後遇知識，教念阿彌陀佛，乃得滅障，超生淨土。

龍樹菩薩：《大智度論》

語譯：有諸多菩薩，自己親口誹謗大般若，墮在惡道中，經歷無量劫。雖然修持其他法門，不能除滅往昔的罪業。後來遇到善知識，勸教持念阿彌陀佛名號，才得以除滅業障，超生西方淨土。

念佛十種功德

若人受持一佛名號者，現世當獲十種功德利益。一、晝夜常得諸天大力神將，並諸眷屬隱形守護。二、常得二十五大菩薩，如觀世音等，及一切菩薩，常隨守護。三、常爲諸佛晝夜護念，阿彌陀佛常放光明攝受此人。四、一切惡鬼、若夜叉羅剎，皆不能害，一切毒蛇毒龍，悉不能害。五、一切火難、水難、寃賊、刀箭、牢獄、杻械，橫死枉死，悉皆不受。六、先所作罪，皆悉消滅，所殺免命，彼蒙解脫，更無執對。七、夜夢正直，或復夢見阿彌陀佛勝妙色身。八、心常歡喜，顏色光澤，氣力充盛，所作吉利。九、常爲一切世間人民恭敬，供養禮拜，猶如敬佛。十、命終之時，心無怖畏，正念現前，得見阿彌陀佛及諸菩薩聖衆，手執金臺，接引往生西方淨土，盡未來際，受勝妙樂。

永明禪師：《萬善同歸集》

語譯：倘若有人受持一佛名號，現世當獲十種功德利益。一、晝夜常得諸天大力神將及其眷屬隱形守護。二、常得二十五個大菩薩，如觀世音菩薩等，及其一切菩薩恆常跟隨守護。三、常爲諸佛晝夜護持記念，阿彌陀佛常放光明攝受此人。四、一切惡鬼，如夜叉、羅刹等，皆不能害，一切毒蛇毒龍都不能害。五、一切火難、水難、寃賊、刀箭、牢獄、杻械、橫死枉死，都皆不受。六、先前所作的罪業，皆悉消滅，所殺的生靈免去命債，這些生靈蒙佛解說，不再執怨仇對。七、夜夢吉祥，或者夢見阿彌陀佛殊勝妙好的色身。八、心常歡喜，顏色光澤，氣力充盛，所作的事都吉利。九、常爲一切世間人民恭敬、供養禮拜，猶如敬佛。十、命終之時，心無怖畏，正念現前，能見阿彌陀佛及其菩薩聖衆，手執金臺，接引往生西方淨土，盡未來際，享受殊勝微妙的快樂。

以唯心淨因，育唯心淨果

夫栴檀不過世間木耳，燒則成灰，雕則成像，豈非隨心所作乎？既成像矣，朝夕禮拜瞻對，朝夕在心目中。心外無佛，豈非即心而是乎？若知所雕佛像，的的心作心是；則知極樂彌陀，亦的的心作心是也。若知極樂彌陀，心作心是，則知十方三世一切諸佛，亦的的心作心是也。若知一切諸佛心作心是，則知一切淨土，亦的的心作心是也。以唯心淨因，育唯心淨果；無生而生，生即無生。操此券而猶墮疑城，斷不可得。悟此決而猶謂淨土法門不至圓頓，尤不可得矣。蕅益大師：《靈峯宗論》

語譯：栴檀不過是一種生長在世間的樹木。遇到火燒則成灰燼，被人雕刻則成佛像。栴檀成灰成像豈不是隨心而造作嗎？栴檀木既已雕成佛像，信衆早晚禮拜瞻仰，佛像便早晚映現在信衆的心目中，心外無佛像，這豈不是心即是佛嗎？倘若知道所雕刻的佛像，的確心作心是，那麼就可以明了西方極樂世界的阿彌陀佛也的確心作心是。倘若知道極樂世界的阿彌陀佛心作心是，那麼就可以明了十方三世一切諸佛也的確心作心是。倘若知道一切諸佛心作心是，那麼就可以明了一切淨土也的確心作心是。以唯心的淨因，培育唯心的淨果；無往生之相而已往生，往生即是無生。手持這往生的左劵還存這樣那樣的懷疑，便決定難得往生。悟解這個往生的要決還口稱淨土法門不至圓至頓，也是不可能往生西方淨土的。

念佛求人天福報，第三世墮落

苟無真信，雖念佛持齋放生修福，只是世間善人，報生善處受樂。當受樂，即造業，既造業已必墮苦。正眼觀之，較他闡提①、旃陀羅②輩，僅差一步耳！

截流大師：《淨土警語》

注譯：①闡提：斷善根無信仰的人。②旃陀羅：以屠殺為業的惡人。

語譯：如果沒有眞切的正信。雖則念佛、持齋、放生、修福，只是世間的善人。來世富貴享福，在享福時，必定造業；既造惡業必受惡報。用正眼看來，沒有眞信而念佛修善的人，與那些闡提與旃陀羅所受的果報相比，只是在時間上稍緩一步而已。

上智與下愚，勸導甚易

以淨土之說，勸大智慧人，化導甚易，因其宿福深厚，根器不凡也。以淨土之說，勸愚夫愚婦，化導甚易，因其胸無成見，如甘之可以受和，白之可以受采也。獨是以其說告之吾輩讀書人，卻甚不易，由其先有一番膚淺套語牢結於胸。故雖有至道而不欲聞，雖有良言而不欲聽也。

周夢顏：《西歸直指》

語譯：以淨土法門勸大智慧人，教化引導很容易，因為這類人宿福深厚，根器不凡。以淨土法門勸愚夫愚婦，教化引導也很容易；因為這類人胸無成見，猶如甘露可以被融和，白紙可以繪彩。惟獨以淨土法門教化我們這些讀書人，卻非常不容易。因為讀書人先有一些膚淺套語牢結在胸中。所以，雖有至妙之道而不想聞，雖有良言卻不想聽。

橫該八教，豎徹五時

當知執持名號，既簡易直捷，仍至頓至圓。以念念即佛故，不勞觀想，不必參究，當下圓明，無餘無欠。上上根不能逾其閫①，下下根亦能臻其域。其所感佛，所生土，往往勝進，亦不一概。可謂橫該八教，豎徹五時②。所以徹底悲心，無問自說，且深嘆其難信也。

蕅益大師：《阿彌陀經要解》

注譯：①閫：門坎。②五時：天臺宗分別佛一代時教為五時。第一華嚴時，第二阿含時，第三方等時，第四般若時，第五法華涅槃時。

語譯：當知持名一法，只要執持一句佛號，何等簡單！一教便會，何等容易！一心持去，即得往生，何等直捷！橫出三界，頓超生死，一生同居，圓證三不退，何等的至頓至圓！爲什麼有這等功效呢？由於念念即是佛，不必另外作觀想，不必更加參究。一念當下圓明，具足無量法門，無有盈餘，也無欠缺。上上根的衆生不能超越其範圍，下下根的衆生也能生到極樂世界。念佛者所感應的佛，有應化身、受用身的不同；所生到的境界，有凡聖同居土、方便有餘土、實報莊嚴土、常寂光土的差異。臨命終時，蒙佛接引，往往有超勝自己品位的聖衆前來接引，不按品位接引者居多，也不是一概而論的。

淨土法門圓滿具足，可說是橫而包括八教（頓漸祕密不定、藏通別圓），豎而貫徹五時，所以，本師釋迦牟尼佛以徹底的大悲心，不待弟子啓問而主動宣說，並深嘆念佛法門是難信的法門。

㈤、信事

實有極樂國在十萬億土外

信事者，深信只今現前一念不可盡故，依心所現十方世界亦不可盡；實有極樂國在十萬億土外，最極清淨莊嚴，不同莊生寓言。是名信事。蕅益大師：《阿彌陀經要解》

語譯：信事的含義是：深信由於只今現前一念心性不可窮盡，依心所顯現的十方世界也不可窮盡。在離這個世界的十萬億佛土之外，實有西方極樂世界。西方極樂世界最極清淨莊嚴，不同於莊子虛構的寓言，這就叫做信事。

生到邊地疑城的緣由

若有衆生，以疑惑心，修諸功德，願生彼國。不了佛智、不思議智①、不可稱智②、大乘廣智③、無等無倫最上勝智④，於此諸智，疑惑不信；猶信罪福，修習善本，願生其國。復有衆生，積集善根，希求佛智，普遍智、無等智、威德廣大不思議智，於自善根，不能生信。故於往生清淨佛國，意志猶豫，無所專據。然猶續念不絕，結其善願爲本，續得往生。是諸人等，以此因緣，雖生彼國，不能前至無量壽所，道止佛國界邊，七寶城中，佛不使爾身行所作，心自趣向。亦有寶池蓮華，自然受身，飲食快樂，如忉利天。於其城中，不能得出。所居舍宅在地，不能隨意高大，於五百歲，常不見佛。不聞經法，不見菩薩、聲聞聖衆。其人智慧不明，知經復少，心不開解，意不歡樂。是故於彼，謂之胎生。《佛說大乘無量壽莊嚴清淨平等覺經》

注譯：①不思議智：無法思量測度的智慧，是成所作智。②不可稱智：無法用言語表述的智慧，是妙觀察智。③大乘廣智：無所不知，廣度眾生的智慧，是平等性智。④無等無倫最上勝智：如來究竟圓滿的智慧，是大圓鏡智。

語譯：佛告彌勒菩薩：「倘有衆生，以疑惑心修善積德，發願往生西方極樂世界，然而，這些衆生不能透徹理解佛的一切種智、不思議智、不可稱智、大乘廣智、無等無倫最上勝智。對於佛的這些智慧，疑惑不信。但還是相信因果報應，經常禮佛念佛，發願求生西方極樂世界；另有一類衆生，積功累德，深信佛的一切種智、不思議智、不可稱智、大乘廣智、無等無倫最上勝智，但對自己所本具的佛性，不能生起信心。所以，對於往生西方極樂世界，信願不堅，缺乏穩固的依據。儘管如此，這類衆生還是不間斷地念佛；憑著念佛的功德和發願的力量，也能夠生到西方極樂世界。」

「這二類衆生，以修善念佛發願求生的因緣，雖然生到西方極樂世界，但是他們不能見到阿彌陀佛。只能生到西方極樂世界的邊地七寶城中。這邊地疑城是往生者的自心所變現、自己的業力所牽引。在那裡，那二類衆生也同樣在七寶池的蓮花中自然化生。生活快樂如同忉利天的天人。但是，他們置身於邊地疑城中不能離開，所居住的宮殿在地面上，不能隨意高大、升降。五百年中，他們不能見佛聞法，不能見到菩薩、聲聞聖衆。生到邊地疑城的衆生，愚癡無智，對於大乘經典，不甚了了。心不開解，意不歡樂。由此，便稱那兩類往生的衆生爲『胎生』。」

三品往生的境界

深信切願念佛，而念佛時心多散亂者，即是下品下生；深信切願念佛，而念佛時散亂漸少者，即是下品中生；深信切願念佛，而念佛時便不散亂者，即是下品上生。念到事一心不亂①，不起貪、瞋、癡者，即是中三品生。念到理一心不亂②，任運先斷見思塵沙惑③，亦能伏斷無明者，即是上三品生。故信願持名者，能歷九品，的確不謬也。

蕅益大師：《阿彌陀經要解》

注譯：①事一心不亂：心繫佛號，念念相續，無有別念，伏住煩心，心不散亂。②理一心不亂：心緣一境，無有異念。見諸法實相，以不生滅心契入真常理體。③塵沙惑：為化道障，菩薩教化人的障礙。菩薩教化人必須通達無量無數的法門，然而，心性暗昧，不能通達塵沙無數的法門，自在教化，謂為塵沙之惑。

語譯：深信切願念佛，念佛時心多散亂的人，即是下品下生；深信切願念佛，念佛時心念散亂漸漸稀少的人，即是下品中生，深信切願念佛，念佛時心不散亂的人，即是下品上生；念佛念到事一心不亂，不起貪、瞋、癡的人，即是中三品生。念佛念到理一心不亂，自然先斷盡見惑、思惑和塵沙惑，又能伏住、斷除根本無明的人，即是上三品生。所以，信願持佛名號，能經歷九品的階梯，的確眞實不虛。

萬億人中一二知

此事本來也太奇，頓教一念越三祇。
佛云難信誠難信，萬億人中一二知。

夏蓮居：《聽佛軒課餘宴坐》

語譯：

念佛往生不退成佛本來也太奇特，
頓教一念間超越三大阿僧祇劫。
佛說此法門難信，委實是難以啓信，
萬億人中只有一二人知曉淨宗奧義。

念佛生於淨土，好夢也

今念佛求生淨土，正返迷歸悟，至圓至頓。概以夢幻掃之，可乎哉？今人於夢幻妻子家緣，不能當下割捨；夢幻功名富貴，不能當下遠離；夢幻苦樂寒暑，不能當下覷破；乃至夢幻詩文機鋒轉語，不能當下唾棄。獨於夢幻西方，則不求生，亦大惑矣。夫依對待而論，娑婆活計，添夢者也；求生淨土，醒夢者也；不可不求生也。依絕待而論，惑業感於三界，惡夢也；念佛生於淨土，好夢也；亦不可不求生也。苟深思此理，淨土之生，萬牛莫挽矣。

蕅益大師：《靈峯宗論》

語譯：現今念佛求生西方淨土，正是迷途知返，轉歸覺悟，極圓滿極直截。如果一概以夢幻掃除淨土，可不可以呢？當今之人對於夢幻妻子家眷不能當下割捨；夢幻功名富貴不能當下遠離；夢幻憂苦快樂、寒天暑熱，不能當下看破；甚至夢幻詩詞文章、機鋒轉語，不能當下唾棄；唯獨對於夢幻西方極樂世界則不求往生。這是令人大惑不解的。從對比的意義看，娑婆世界中諸多的經營造作都是夢中添夢，求生西方淨土才是醒夢。依不可對比的意義看，迷妄貪瞋所造作的業招感三界生死的苦報，這是惡夢；念佛往生西方淨土，這是好夢；亦不可不求往生淨土。如果深刻思惟領會其中的道理，那麼，往生西方淨土的願望是萬牛的力量也挽不回的。

念念念佛，自成三昧

古人教親近明師，求善知識。而善知識，實無口傳心授祕密法門，只替人解黏去縛，便是祕密。今但執持名號，一心不亂，此八個字，即是解黏去縛祕密法門，即是出生死堂堂大路，朝念暮念，行念坐念，念念相續，自成三昧，莫他求也。

蓮池大師：《雲棲淨土彙語》

語譯：古人教導修行人親近明師，訪求善知識。然而，善知識實在沒有什麼口傳心授的祕密法門，只是替人解除黏滯，去掉束縛，這便是祕密。如今只要「執持名號，一心不亂」，這八個字即是解黏去縛的祕密法門，即是跳出生死輪迴的堂堂大路。朝也念佛，暮也念佛，行也念佛，坐也念佛，念念相續不斷，自然成就三昧，不要再覓求其他什麼法門了。

生到淨土證得不退轉位

問：設令具縛凡夫，得生彼國，邪見三毒等常起，云何得生彼國，即得不退，超過三界？

答：得生彼國，有五因緣不退，云何爲五：一者，阿彌陀佛大悲願力攝持，故得不退。二者，佛光常照，故菩提心常增進不退。三者，水鳥樹林風聲樂響，皆說苦空，聞者常起念佛、念法、念僧之心，故不退。四者，彼國純諸菩薩以爲良友，無惡緣境，外無神鬼魔邪，內無三毒等，煩惱畢竟不起，故不退。五者，生彼國即壽命永劫，共菩薩佛齊等，故不退也。在此惡世，日月短促。經阿僧祇劫，復不起煩惱，長時修道，云何不得無生忍也。此理顯然，不須疑也。 智者大師：《淨土十疑論》

語譯：有人問：假設讓沒有斷盡煩惱的凡夫，得以往生西方極樂世界，邪知邪見以及貪、瞋、癡三毒等經常生起，怎麼能說一經往生西方極樂世界，就能得不退轉位，永超三界（欲界、色界、無色界）呢？

回答：生到西方極樂世界，有五種因緣能使往生者得不退轉位。是哪五種因緣呢？第一、阿彌陀佛的大悲願力攝持，所以能得不退轉。第二、阿彌陀佛的光明常照，所以，往生者的菩提心恆常增進不退。第三、西方極樂世界中，水鳥、樹林、風聲、樂響，都在宣說苦空。往生者聽到這些法音，常起念佛、念法、念僧之心，所以能得不退轉。第四、西方極樂世界中都是菩薩聖衆作爲良友，沒有邪惡的境緣，外無神鬼魔邪，內無貪、瞋、癡三毒等，諸種煩惱畢竟不會生起；所以，往生者能得不退轉。第五、生到西方極樂世界，其壽命與佛、菩薩一樣無量無數。所以，往生者能得不退轉。在這個穢惡世界，日月短促；在西方淨土，經無量劫，也不會生起煩惱，長時修道，怎能不得無生法忍呢？這個道理顯而易見，不應懷疑。

不應以目前所不見而不信

人驟聞淨土之景象，多不信之，無足怪也。蓋拘於目前所見，遂謂目前所不見者，亦如此而已；且如陋巷糞壤之居者，安知有廣廈之清淨；小器藜藿①之食者，安知有食前之方丈；弊篋②錙銖③之蓄者，安知有天府之充溢。故處此娑婆濁世，不信其有清淨佛土；所以生長於胞胎，不知彼有蓮華之化生；壽不過百年，不知彼有河沙之壽數；衣食必由於營作，不知彼有自然之衣食；快樂常雜於憂惱，不知彼有純一之快樂；然則佛之所言，不可以目前所不見而不信也。

王日休：《龍舒淨土文》

注譯：①藜藿：藜：蒿類，一年生草本植物，嫩葉可以吃。藿：香草。②篋：小箱子。③錙銖：指很少的錢或很小的事。

語譯：人們驟然聽到西方極樂世界的景象，大多數人不相信，這並不奇怪。大凡拘礙於目前所見所聞的人，便說眼前所見不到的東西不存在，這是同樣的道理。譬如蝸居在陋巷穢土中的人，怎會知道闊廣大廈的清淨；在小碗裡吃一些蒿葉香草的人，怎會知道還有擺滿一丈見方的珍饈美肴；在弊舊的小箱子裡蓄積些微錢幣的人，怎知有充溢天府之國的物產。

正是由於處在這穢濁的娑婆世界，便不相信有清淨的西方極樂世界；由於生長於母體胞胎，便不知道西方極樂世界有蓮花化生；由於在這個世界壽命不過百年，便不知西方極樂世界有河沙般無量無數的壽命；由於在此世界必經操勞經營方得衣食，便不知西方極樂世界中，衣食隨念而至；由於這個世界快樂常雜於憂惱，便不知西方極樂世界只是純一的快樂。不過，釋迦牟尼佛所宣示的西方淨土，不可以由於我們現前肉眼所不見而不相信呀！

淨識往生，蓮花託質

衆生要求往生，只要念佛，最是簡便容易。若還貪戀迷惑著這個五濁惡世，豈非愚癡到極點麼？至於「往生」兩字，往就是往西方，生就是生極樂世界，不過不是身往，是心往。心往西方，便是得生極樂世界了。心往的理，人家每每不信，不知凡人初投母胎的時候，是八識的心王先來。先有了識心，他就收攬四大，種種和合，漸成六根，成了人身。往生極樂世界，雖是蓮華託質，與肉骨凡胎，淨穢不同，至於他所以能生，這吸引的理，是一樣的。就是現在以念佛爲主，修一切善業做眷屬，成就清淨的識。此所修是感，所感的是淨土淨身。清淨識往生彼土，識到了，也是吸引種種成他的身。這是捨去穢識所攝的穢身，方得淨識所攝的淨身，往生的理是這樣的。

范古農：《淨土之理》

說明：范古農：號寄東，浙江嘉興人，近代著名居士，博通三藏，行歸淨土。臨終神志清明，念佛不輟，一笑化去。

語譯：衆生要求往生西方極樂世界，只要念阿彌陀佛名號，最簡便容易。倘若還貪戀迷惑著這個五濁惡世，豈不是愚癡到了極點麼？至於「往生」二字，「往」就是往西方，「生」就是生到極樂世界。不過不是「身」往，而是「心」往。心往西方，便是得生極樂世界了。「心」往的道理，很多人不相信。不知凡人初投母胎的時候，是八識（眼、耳、鼻、舌、身、意、末那、阿賴耶）的心王先來，先有了識心，這個識心就收攬四大（地、水、風、火）種種和合，漸漸形成六根（眼、耳、鼻、舌、身、意）便形成人的身體。

往生西方極樂世界，雖然是蓮花託質化生，與肉骨凡胎，有淨穢的不同。至於他所以能生，這吸引的道理是一樣的。就是現在以念佛爲主，修一切善業作爲助行，成就清淨的識。這個世界所修行的是感，所感的果是西方淨土淨身。清淨識往生西方極樂世界，識到了，便吸引種種成就他的身，這是捨去穢識所攝的穢身，才能得到淨識所攝的清淨之身，往生的道理就是這樣。

轉娑婆成淨土，不同小可因緣

今人不肯念佛，只是輕視西方，不知西方乃是大德、大福、大智、大慧、大聖、大賢的勾當。轉娑婆成淨土，不同小可因緣。汝但看此城中一日一夜，死卻多少人。不要說生西方，即生天，千百人中尚無一個。其有自負修行者，只是不失人身而已。故我世尊大慈大悲，示此法門，功過乾坤，恩逾父母，粉骨碎身，不足爲報。

語譯：如今的人不肯念阿彌陀佛，只是輕視西方極樂世界，不知道往生西方淨土乃是大德、大福、大智、大慧、大聖、大賢的道業。轉娑婆穢土成極樂淨土，不同於一般的小因緣。你只看看這城裡一日一夜死亡多少人，不要說往生西方極樂世界，即便生到天界，千百人中尚無一個。一些自以爲在修行的人，也只是不失人身而已。所以，我們的釋迦牟尼佛大慈大悲，宣示這個念佛法門。功德超過乾坤，恩情勝於父母，我們就是粉身碎骨，也不足報答佛恩。

雖佛祖現身，也不改其所信

若正修淨業時，達摩大師①忽現在前曰：「汝但舍（捨）念佛，即授以直指人心見性成佛之禪。」當向祖作禮，謂：「我已受如來念佛法門，發願受持，終身不易，不敢自違本誓也。」縱釋迦如來忽現身曰：「吾先說念佛法門，特一時方便，汝且置念佛，即爲說更殊勝法門。」亦向佛稽首陳白：「我先稟受世尊淨業法門，發願一息尚存，決不更張，不敢自違本願也。」雖佛祖現身，尚不改其所信，況魔王外道虛妄邪說，豈足以搖惑耶？能如是信，可謂深矣。

注譯：①達摩：具名菩提達摩，天竺人，禪宗西天第二十八師，中國禪宗初祖。

語譯：假若正當修淨業的時候，達摩大師忽然出現在面前說：「你只要捨棄念佛，我即授你以直指人心見性成佛之禪。」這時應當向達摩祖師頂禮回答：「我已經信受釋迦牟尼佛的念佛法門，發願受持，終身不變，不敢自違本誓。」縱然釋迦牟尼佛忽然現身說：「我先前所說的念佛法門，只是一時方便之說，你姑且放置念佛，我即爲你宣說更殊勝的法門。」這時也應向佛稽首陳言：「我先前稟受世尊的淨土法門，發願一息尚存，決不更移，不敢自違本願。」雖佛祖現身，尚且不改變自己所信奉的念佛法門，更何況魔王外道虛妄邪說，豈能足以動搖迷惑？能夠這樣地相信，才能算得上深切。

㈥、信理

西方淨土是我一念心中所現影

信理者：深信十萬億土，實不出我今現前介爾一念心外，以吾現前一念心性實無外故。

又深信西方依正主伴，皆吾現前一念心中所現影，全事即理，全妄即真，全修即性，全他即自。我心遍故，佛心亦遍，一切衆生心性亦遍。譬如一室千燈，光光互遍，重重交攝，不相妨礙，是名信理。

蕅益大師：《阿彌陀經要解》

語譯：信理的含義是：深信十萬億的佛土，無量的事境，實實在在地未能超出我現今微小的一念心性之外。因爲我現前的一念心性廣大周遍，心性無外。

並且還要深信，西方極樂世界的物質環境與創設者阿彌陀佛，阿彌陀佛與菩薩聲聞聖衆，都是我現前一念的心性中所顯現的影像。盡虛空遍法界的事相就是自己的心性，萬法的虛妄相就是眞性，全部的修德就是理具的性德，所有的他人及環境即是自己。由於我的心性遍一切法界，佛的心性也遍佈一切法界；一切衆生的心性也同樣遍佈一切法界。譬如一室千燈，光光互相遍照，重重交相攝入。光光交融，不相妨礙，這叫做信理。

自心中的西方淨土，本無遠近

問：西方去此十萬億土，何得即生？

答：十萬億土，不出我現前一念心性之外，以心性本無外故。又仗自心之佛力接引，何難即生。如鏡中照數十層山水樓閣，層數宛然，實無遠近，一照俱了，見無先後。從是西方過十萬億佛土，有世界名曰極樂如是；其土有佛號阿彌陀，今現在說法亦如是；其人臨命終時，阿彌陀佛與諸聖衆現在其前，是人終時心不顚倒，即得往生阿彌陀佛極樂國土亦如是。當知字字皆海印三昧①，大圓鏡智②之靈文也。

蕅益大師：《阿彌陀經要解》

注譯：①海印三昧：佛所得的三昧。海印喻真如本覺，海水清澄，無像不現。②大圓鏡智：如來的四智之一。其智體清淨，離有漏雜染之法，自眾生善惡的業報，顯現萬德的境界，如大圓鏡，故名大圓鏡智。

語譯：有人問：西方淨土離這個世界有十萬億佛土之遙，如何即時就能往生呢？

回答：十萬億淨土，雖然相隔很遠，但並沒有超出我現前一念心性之外。心性豎窮三際，橫遍十方，虛空尚且在心中，十萬億佛土又何嘗不在心性中呢？又仰仗自心的佛力，接引往生自心的淨土，當即往生，又會有什麼困難呢？如同鏡中映照幾十層的山水樓閣，層層景物清晰地顯現，一照都現，鏡中所現並無遠近先後的區別。從這個世界向西方過十萬億佛土，有世界名叫極樂，也如鏡子一照俱現那樣；其土有佛，號阿彌陀，今現在說法，也如鏡子一照俱現那樣；其人臨命終時，阿彌陀佛，與諸聖眾，現在其前，是人終時，心不顛倒，即得往生阿彌陀佛極樂國土，也如鏡子一照俱現那樣。應當知道，以上的字字行行，是眞的本性流現的靈文。

極樂不離華藏，彌陀即是遮那

雲棲謂此一卷經，該全部《華嚴》，義在於此矣。其不指歸華藏而指歸極樂者何？爲大心凡夫開導方便故。華藏莊嚴，自目連鶖子諸大聲聞，猶隔聽視，何論其餘？至阿彌陀佛以四十八願接引衆生十念歸誠，便登九品；誠能信入普賢願門者，稱法界量，淨同居士，如水赴壑，如響應聲。一得往生，華開見佛，始知極樂不離華藏，彌陀即是遮那，佛佛道同，心心無別故。

彭紹升：《一行居集》

語譯：蓮池大師認爲：這一卷《無量壽經》，概括全部《華嚴經》。奧義就在這裡。《華嚴經》的末後爲什麼不指歸華藏世界而指歸西方極樂世界呢？這是爲了給大心凡夫開特異方便的緣故。華藏世界的莊嚴，就連大目犍連、舍利弗等諸大阿羅漢，都如盲如聾，何況其餘的人呢？至於阿彌陀佛，則以四十八願接引衆生，十念至誠皈依，便能九品往生，誠有信入普賢行願門的衆生，稱念佛名，淸淨凡聖同居士，如水赴壑，如響應聲。一得往生西方淨土，便花開見佛，始知極樂世界不離華藏世界，阿彌陀佛即是毗盧遮那。因爲佛佛道同，心心無別。

《華嚴》奧義，卻在此經

釋迦一代時教，唯《華嚴》明一生圓滿，而一生圓滿之因，則末後〈普賢行願品〉中，十大願王導歸極樂。嗟乎！凡夫例登補處，奇倡極談，不可測度。《華嚴》所稟，卻在此經。而天下古今，信鮮疑多，辭繁義蝕，余唯有剖心瀝血而已！

蕅益大師：《阿彌陀經要解》

語譯：釋迦牟尼佛的一代時教，唯有《華嚴經》獨明一生圓滿成佛。而一生圓滿佛果的正因卻體現在末後的〈普賢行願品〉中，普賢菩薩以十大願王導歸西方極樂世界。

嗟乎！凡聖同居土的凡夫，能同實報莊嚴土的補處菩薩具有一樣的待遇，這是其他的經典、其他的佛土所沒有的事。這是淨土法門的大事因緣，不可測度。華嚴海眾所稟承的一生成佛的宗旨，末後導歸極樂世界，卻最後落實在這部《佛說阿彌陀經》上。可是，普天之下，從古到今，對凡夫往生一生成佛這一點，相信的人少，而懷疑的人多。詮釋的言辭雖然繁多，卻將凡夫往生便得一生補處位的意思缺失了。我唯有剖心瀝血，將實義昭告世人而已。

滴水投海，便同一味

是以我心實與佛心同一理故，故我彌陀願力威德光明在我心中。承我心愚癡之力，作一切佛事，無時不引導於我。我心亦於彌陀願力大心之內，修諸念佛求生一切善行，無一善行而不具含佛德。了彼佛德，成我三昧。故知彌陀願力，始於發心，終於究意。無一法而不直趣我心，是我心即佛心故。我心亦於無始至今，盡未來際，修一切三昧，無一法而不攝歸佛海，成本來佛，以佛心即我心故。

如是依正色心，因果淨穢，雖同一心，而實不妨一一自分，各住其位於一心內也。以一心故，雖淨穢不同，所求不出於真心。以自分故，雖一心而必捨穢取淨也。捨穢取淨，則感應道交。見彼本性彌陀，了悟一心，則淨穢自分，可悟唯心淨土。如是而修，譬如一滴投海，便同一味，方知大海即自己也。

妙葉《附破妄念佛說》

語譯：由於我心實在與佛心同一理體，所以，阿彌陀佛的願力、威德、光明就在我的心中，借助我心愚癡的力量，作一切佛事，無時無刻不在引導著我。我心也在阿彌陀佛願力大心之內，修持念佛求生西方極樂世界的一切善行，我的一切善行無一不具含阿彌陀佛的德行。了知阿彌陀佛的萬德，成就我的念佛三昧，所以知道阿彌陀佛的願力，貫穿我發心求道的究竟證悟的始終，無一法不直接趨向我心。這是由於我心即是佛心的緣故。我心也從無始劫到現在，以及盡未來際，修持一切三昧。無一法而不攝歸佛的覺海，成就本來佛。這是由於佛心即是我心的緣故。

這樣的依報、正報、身色、心性、因果、淨穢，雖然平等地內含在一心性中。然而，實在並不妨礙各自的區分。使它們在同一心性內各據其位。由於同一心性，雖然淨穢不同，所取捨的並未超出眞心之外。由於各自區分的緣故，雖然同等一心，而必定捨穢取淨。捨穢取淨，則感應道交。見到本性中的阿彌陀佛，了悟一心。那麼淨穢各自分別，可以體悟唯心淨土。這樣來修行，譬如一滴水投入大海，便同海水一味。到了這時才知道大海即是自己。

水清月現，心淨佛現

阿彌陀佛光明，如大圓月，遍照十方。水清而靜，則月現全體，月非趨水而遽來；水濁而動，則月無定光，月非捨水而遽去。在水則有清濁動靜，在月則無取捨去來。

說明：楊杰居士，字次公，號無爲子，宋代進士。宿好禪法，得法於天衣懷禪師。後閑居閱藏，遂皈心淨土。預知時至，說偈而逝。

語譯：阿彌陀佛的光明，猶如大圓月遍照十方世界。水澄清靜止，圓月便全體顯現，這時圓月不是趨赴水域而突然到來的；水污濁而波動，圓月便不能顯露定光，這時圓月也不是捨棄水域而突然離去。水有清濁動靜，月卻沒有取捨去來。

念佛即是一心三觀

末世衆生，根機淺薄，欲修一心三觀，行如來行，以如來莊嚴而自莊嚴，是爲甚難。若修念佛，較易成就。正念佛時，即一心三觀，能念之心空寂，即空觀；所念之佛歷明，即假觀；非空非假，即中道觀。念至一心不亂，則一心三觀自然現前。此時所念如所言，所言如所念，即是行如來行。

正念佛時，常懷慚愧之心，又不爲外境所動，即行忍辱行；念佛之時，發願自度度他，即是大慈悲室；念佛之時，念念與佛相應，看空一切，不爲塵世所羈累，即行如來座。一句彌陀無量光壽，光即智德莊嚴，壽即福德莊嚴；光壽不二，即是妙莊嚴。一句彌陀，即是行如來行，即是莊嚴如來；一句彌陀，如摩尼寶，面面皆圓；一句彌陀，如甘露水，滴滴皆甜。

寶靜法師：《修習止觀坐禪法要講述》

語譯：末法時期的衆生，根機淺薄，欲修一心三觀（空觀、假觀、中道觀），要做到像佛的修行那樣去修行，以莊嚴如來的福慧二德來莊嚴自身，是極爲困難的。倘若修行念佛法門，則比較容易成就。正當念佛時，當下就是一心三觀。能念佛的心空寂，即是空觀；所念的佛歷歷分明，即是假觀。非空非假，即是中道觀。念佛念到一心不亂，則一心三觀自然現前，此時所念如同所言，所言如同所念，這就是行如來行。

正念佛時，常懷慚愧之心，又不被外面的境界所動搖，這就是大慈悲室；正念佛時，念念與佛相應，看空一切，不爲塵世所羈束牽累，這就是行如來座；一句彌陀無量光壽，光即是智德莊嚴，壽即是福德莊嚴。光壽平等不二，即是妙莊嚴。一句阿彌陀佛，即是行如來行，即是莊嚴如來；一句阿彌陀佛，如同摩尼寶珠，面面皆圓；一句阿彌陀佛，如同甘露水，滴滴皆甜。

念佛三昧，諸佛所遊

佛言：「若念佛者，當知是人，即與文殊師利等無有異。何以故？此三昧者，諸佛世尊之所遊，首楞嚴①等諸大三昧始出生處。是知將入諸佛法，方便誠多，若以一言而具衆門，無過念佛。所以者何？一切賢聖，皆從念佛而生；一切智慧，皆從念佛而有。」

智者大師：《五方便念佛門》

注譯：①首楞嚴：譯為一切事究竟堅固。是一切定中之王三昧。

語譯：佛說：「假若有衆生念佛，當知這念佛人，即與文殊師利菩薩平等，沒有兩樣。爲什麼這樣說呢？因爲這個念佛三昧，是一切佛世尊遊心之所，是首楞嚴等諸大三昧開始出生的處所。由此可知，欲入諸佛法，方便有多門，假若以一個法門具足衆多法門，沒有能超過念佛法門的。爲什麼呢？因爲一切賢聖都從念佛而生，一切智慧皆從念佛而有。」

讀經生信，排除空有二障

是經爲叢林晚課所誦，宜乎天下衲子，依教生信，由信發願。往生極樂者，且如稻麻竹葦，非算數所能及。然而讀是經而起信者，十不得一焉，讀是經而發願往生者，百不得一焉。無他，則空有二障爲之繫累也。何名有障？名聞利養，種種馳求是；何名空障？豁達狂禪，撥無因果是。去此二障，發真實心求度生死，直趣無上菩提。回視此經，不啻饑者之得糧，羸者之得杖矣。遇斯經者，慎勿以慣見而忽諸。

彭紹升：《一行居集》

語譯：這部《佛說阿彌陀經》是叢林晚課所誦的經。天下的修行人應當依教生信，由信發願，這樣，往生西方極樂世界的人，便會如稻麻竹葦，非算數所能算清。然而，讀這部經而生起信仰的人，十人中難得一人，非算數所能算清。讀這部經而發願往生西方極樂世界的人，百人中難得一人。究其原因沒有別的，主要是被空障和有障這二種障礙所繫累。什麼叫有障呢？即是名聞利養，種種馳求。什麼叫空障呢？即是空腹高心的狂禪，撥無因果。去除這二障，發眞實心，哀求度脫生死，直趨無上菩提。回頭再誦這部經，不啻是饑者得到食糧，羸弱者得到拐杖。遇到這部經的人，切勿以容易見到而忽視之。

念佛之念，亦妄非真

須知起念即妄，念佛之念，亦妄非真。何以故？真如之性，本無念故。但因凡夫染念不停，不得已，故借念佛之淨念，治其住塵之染念。蓋念佛之念，雖非真如之本體，卻是趨向真如之妙用。何以故？真如是清淨心，念佛是清淨念，同是清淨，得相應故。所以念佛之念，念念不已，能至無念，故曰勝方便。極樂世界，亦是幻想，然而不可不求願往生者，淨幻非同染幻也，何以故？清淨土由清淨心顯現故，所謂心淨則土淨也。

江味農：《金剛經講義》

語譯：應該知道，不管善念惡念，只要一起念，那就是妄。念佛的念也是妄，不是眞。爲什麼呢？因爲眞如之性本來是無念的。但由於凡夫染念不停，不得已，借念佛的淨念，來對治住著於塵濁的染念。因爲念佛的念，雖不是眞如的本體，但卻是趨向眞如的妙用。爲什麼呢？因爲眞如是清淨心，佛念是清淨念，二者同是清淨，這樣就能得到相應。所以，念佛的念，念念不息，就能達到無念，因此說是勝方便。

極樂世界也和娑婆世界一樣，同是幻相，然而不可不求願往生，這又是爲了什麼呢？因爲極樂世界是淨幻，淨幻不同於染幻。又因爲極樂淨土，本來就是從清淨心願所顯現的，所謂「心淨則土淨」啊！

淨土資糧——願

(一)、菩提心

菩提心能生一切佛法

菩提心者猶如種子，能生一切諸佛法故。猶如良田，能長衆生白淨法故。猶如大地，能持一切世間故。猶如淨水，能洗一切煩惱垢故。猶如大風，普於世間無所礙故。猶如盛火，能燒一切諸見薪故。

《大方廣佛華嚴經》

語譯：菩提心猶如種子，能夠生出一切佛法；猶如艮田，能夠長養一切衆生的清淨善法；猶如大地，能夠明了保持一切世間資生事業；猶如淨水，能夠洗滌一切煩惱塵垢；猶如大風，普遍地遊化世間而無有障礙；猶如熾盛的火，能夠燒毀一切見惑煩惱。

發十種心往生佛國

佛告彌勒：「如是十心，非諸凡愚不善丈夫具煩惱者之所能發，何者為十？一者，於諸衆生，起於大慈，無損害心。二者，於諸衆生，起於大悲，無逼惱心，三者，於佛正法，不惜身命，樂守護心。四者，於一切法，發生勝忍，無執著心。五者，不貪利養恭敬尊重，淨意樂心。六者，求佛種智，於一切時，無忘失心。七者，於諸衆生，尊重恭敬，無下劣心。八者，不著世論，於菩提分，生決定心。九者，種諸善根，無有雜染，清淨之心。十者，於諸如來，捨離諸相，起隨念心。是名菩薩發十種心。由是心故，當得往生，若人於此十心，隨成一心，樂欲往生彼佛世界，若不得生，無有是處。」

《大寶積經》

語譯：釋迦牟尼佛告訴彌勒菩薩：「如下的十種心，不是那些凡俗、愚癡、不善、煩惱重的衆生所能夠發得出來的。是那十種心呢？第一、對一切衆生，生起大慈，沒有損害心。第二、對於一切衆生，生起大悲，沒有逼惱心。第三、對於佛的正法，不惜身命，有樂守護心。第四、對於一切法，生發殊勝的忍力，沒有執著心。第五、不貪求利養恭敬尊重，清淨意念，安樂心性。第六、求證佛的眞如智慧，在任何時候，無忘失心。第七、對於一切衆生，尊重恭敬，沒有下劣心。第八、不執著世間的議論，對於菩提道果，生決定求證心。第九、種植一切善根，沒有雜染，清淨的心。第十、對於一切如來，捨離一切色相，生起隨念心。這就叫做菩薩所發的十種心。由於發起這樣的十種心，便能往生西方極樂世界。倘若有人對這十種心，隨緣成就一心，願欲往生西方極樂世界，倘若不得滿願，那是沒有這個道理的。」

發菩提心的因緣

有智之人，爲三事故，發菩提心，一者見惡世中五濁衆生；二者見於如來有不可思議神通、道力；三者聞佛如來八種妙聲。

《優婆塞戒經》

語譯：有智慧的人，由於三種原因，發起菩提心。第一、看見惡世中的五濁衆生。第二、看到如來有不可思議的神通、道力。第三、聽到佛如來的八種妙聲（極好音、柔軟音、和適音、尊慧音、不女音、不誤音、深遠音、不竭音）。

發菩提心，天人驚喜

出家之人，發菩提心，此不爲難，在家之人，發菩提心，是乃名爲不可思議。何以故？在家之人，多惡因緣所纏繞故。在家之人，發菩提心時，從四天王①乃至阿迦尼吒②諸天，皆大驚喜，作如是言：「我今已得人天之師。」

《優婆塞戒經》

注釋：①四天王天：是六欲天的第一重天，在須彌山的山腰。②阿迦尼吒：色究竟天，又名有頂天，為有形體眾生生天的最上乘的地方。

語譯：出家的人，發菩提心不算困難，在家的人發菩提心，可以說是不可思議。爲什麼呢？因爲在家的人所處的環境，多被惡因緣所纏繞。在家的人發菩提心時，從四天王天到色究竟天的諸多天人，都大為驚喜，發出這樣的贊嘆：「我現在已經得到人天的導師了。」

行四種法，不離佛前

菩薩行四種法，常不離佛前。何等為四？一者自修善法，兼勸衆生，皆作往生見如來意；二者自勸勸他，樂聞正法；三者自勸勸他，發菩提心；四者一向專志行念佛三昧。具此四行，一切生處，常在佛前，不離諸佛。《大樹緊那羅王經》

語譯：菩薩修持四種法門，能常不離佛前。這四種法門是：第一、自己修持善法，同時也勸勉衆生，都生起往生淨土見如來的意願。第二、自勸勸他，樂聞正法。第三、自勸勸他，發菩提心。第四、一向專志修行念佛三昧。具備這四種修行，則投生受生，常在佛前，不離開諸佛。

不發菩提心，不能往生

此無上菩提心即是願作佛心，願作佛心即是度衆生心，度衆生心即是攝取衆生生有佛國土心。是故願生彼安樂國土，要發無上菩提心也；若人不發無上菩提心，但聞彼國土受樂無間，為樂故願生，亦當不得生也。

曇鸞大師：《往生論注》

說明：曇鸞大師（西元四七六～五四二年）：後魏時高僧，勇內外經籍，魏主重之，號為神鸞。曾求學長生仙術，信受淨宗後，焚仙經，專修淨業。臨終有往生瑞相。

語譯：這個無上菩提心就是願作佛的心，願作佛的心就是救度眾生的心，救度眾生心就是攝取眾生往生佛剎的心。所以，發願往生西方極樂世界，就應當發無上菩提心。如果不發無上菩提心，只是聽聞到西方極樂世界享樂不盡，為了享福而發願往生，也是不能夠往生的。

發菩提心是修道的要門

嘗聞入道要門，發心為首；修行急務，立願居先。願立則眾生可度，心發則佛道堪成。苟不發廣大心，立堅固願，則縱經塵劫，依然還在輪迴，雖有修行，總是徒勞辛苦。故《華嚴經》云：「忘失菩提心，修諸善法，是名魔業。」忘失尚爾，況未發乎？故知欲學如來乘，必先具發菩薩願，不可緩也。

說明：省庵大師（西元一六八六～一七三四年）：名實賢，字思齊。早年出家，參念佛是誰，得悟，後於鳳山梵天講寺，摒絕諸緣，專修專弘淨土。大眾都說他是永明大師再來。臨終預知時至，至期跏趺見佛來迎而化。被後人尊為淨宗十一祖。

語譯：我經常聽到：入佛道的要門，關鍵是要發菩提心；修行的急務，首先是要確立大願。大願確立便可以救度眾生，菩提心生發就能成就佛道。如果不發廣大心，不立堅固願，那麼，縱然歷經無量塵點劫，依然還在六道中輪迴。雖然也有修行，最終只落得徒勞辛苦。所以，《華嚴經》說：「忘記失掉了菩提心，眾多的善法，都屬於魔業。」忘失菩提心，尚且得到這個結局，況且未曾發菩提心呢？由此可知，欲學大乘佛法，首先必須生發普度眾生的菩薩願，這是不可以延緩的。

八種發心，邪正真偽大小偏圓

心願差別，其相乃多。略而言之，相有其八，所謂邪、正、真、偽、大、小、偏、圓是也。世有行人，一向修行，不究自心，但知外務，或求利養，或好名聞，或貪現世欲樂，或望未來果報，如是發心，名之爲邪。既不求利養名聞，又不貪欲樂果報，唯爲生死爲菩提，如是發心，名之爲正。

念念上求佛道，心心下化衆生，聞佛道長遠，不生退怯；觀衆生難度，不生厭倦；如登萬仞之山，必窮其頂；如上九層之塔，必造其巔，如是發心，名之爲真。有罪不懺，有過不除；內濁外清，始勤終怠；雖有好心，多爲名利之所夾雜；雖有善法，復爲罪業之所染污；如是發心，名之爲僞。

衆生界盡，我願方盡；菩提道成，我願方成。如是發心，名之爲大，觀三界如牢獄，視生死如怨家；但期自度，不欲度人；如是發心，名之爲小。

若於心外見有衆生，及以佛道，願度願成；功勳不忘，知見不泯，如是發心，名之爲偏。

若知自性是衆生，故願度脫；自性是佛道，故願成就；不見一法，離心別有。以虛空之心，發虛空之願，行虛空之行，證虛空之果。亦無虛空之相可得。如是發心，名之爲圓。

知此八種差別，則知審察，則知去取；知去取，則可發心。云何審察，謂我所發心，於此八中，爲邪爲正，爲眞爲僞，爲大爲小，爲偏爲圓。云何去取，所謂去邪去僞，去小去偏；取正取眞，取大取圓。如此發心，方得名眞正發菩提心也。

省庵大師：《勸發菩提心文》

語譯：菩提心願的差別有多種多樣的表現形式。簡略地說：發心有八種類，它們是：邪、正、眞、僞、大、小、偏、圓。世間有些修行人，一向修行，不參究自心，只知道向外尋求。或者冀求他人的供養，或者熱衷於名聲，或者貪戀現世的欲望快樂，或者希冀未來的果報。這樣的發心，就叫做邪。不求功名利祿，又不貪圖欲樂果報，唯有爲了解脫生死，爲了悟證佛道；這樣的發心，就叫做正。

念念上求佛道，心心下化衆生：聽到修證佛道需經多劫，不生退轉怯弱的心。觀察衆生難以度化，不生厭倦心。譬如攀登萬仞高山，決心抵達山頂；譬如上九層之塔，矢志到達塔尖。這樣的發心，就叫做眞。如果有罪業不懺悔，有過失不除滅。內心汚濁，外顯淸白；起初勤奮，後來懈怠；雖有好心，但多數夾雜著名利；雖然有善法，卻又被罪業所染汚；這樣的發心，就叫做僞。

衆生界盡，我的心願方盡，菩提道果成就，我的心願方始成就。這樣的發心，就叫做大。觀三界（欲界、色界、無色界）如同牢獄，視生死如同怨家，只是希望度脫自己，不想度化他人，這樣的發心，就叫做小。

倘若在心外見有衆生可度，有佛道可成；修行的功德不忘，知見不泯滅。這樣的發心就叫做偏。倘若明了自性即是衆生，所以發願度脫；自性即是佛道，所以發願成就；不見一法能離心性而別有。以虛空心發虛空願，行虛空行，證虛空果，同時也沒有虛空的相狀可得；這樣的發心，就叫做圓。

知道以上八種發心類型的差別，便知道審察，知道取捨。知道取捨，便可以發心。什麼叫做審察呢？看看我的發心，在這八種類型中，是邪還是正，是眞還是僞，是大還是小，是偏還是圓。什麼叫做取捨呢？即是除去邪、僞、小、偏；採納正、眞、大、圓。這樣的發心，才稱得上眞正發菩提心哩！

發菩提心的十種因緣

此菩提心，諸善中王，必有因緣，方得發起。今言因緣，略有十種，何等爲十？一者念佛重恩故，二者念父母恩故，三者念師長恩故，四者念施主恩故，五者念衆生恩故，六者念生死苦故，七者尊重己靈故，八者懺悔業障故，九者求生淨土故，十者爲令正法得久住故。

省庵大師：《勸發菩提心文》

語譯：這個菩提心，是一切善中的至善。發菩提心必定會有因緣。現在我將發菩提心的因緣，概括爲十種。第一、因爲念佛恩深重；第二、因爲念父母的恩情；第三、因爲念師長的之恩；第四、因爲念施主之恩；第五、因爲念衆生之恩；第六、因爲念生死輪迴之苦；第七、因爲尊重自己的靈性；第八、因爲懺悔業障；第九、因爲求生西方極樂世界；第十、因爲欲令正法得以久住世間。

隨順自性，發大菩提心

然我有生死，我求出離，而一切衆生皆在生死，皆應出離；彼等與我，本同一體，皆是多生父母，未來諸佛。若不念普度，唯求自利，則於理有虧，心有未安；況大心不發，則外不能感通諸佛，內不能契合本性；上不能圓成佛道，下不能廣利羣生。無始恩愛，何以解脫？無始冤愆，何以解釋？積劫罪業，難以懺除；積劫善根，難以成熟。隨所修行，多諸障緣，縱有所成，終墮偏小。故須稱性發大菩提心也。

徹悟禪師：《徹悟禪師語錄》

語譯：應該想到：我有生死的痛苦，要求出離生死，一切衆生也都處在生死之中，也需要出離。他們和我本來是同一體性，都是我的多生以來的父母，未來的諸佛。若是不想普度他們，只求自利，那在情理上就有所虧欠，於心就有所不安了。況且菩提大心不發，對外不能感通諸佛，對內不能契合本性；上不能圓成佛道，下不能廣利衆生。無始以來的恩愛怎能解脫？無始以來的冤業又怎能消除？多生多劫以來的罪業難以懺去，多生多劫以來的善根難以成熟。在修行中就會遇到各種各樣的障道因緣。即使有所成就，也必墮入偏小。因此，必須隨順自性，發大菩提心。

菩提心包含一切佛的功德

此菩提心能包藏一切諸佛功德法故，若修證出現，則爲一切導師，若歸本則是密嚴國土①，不起於座，能成一切佛事。

《菩提心論》

注釋：①密嚴國土：大日如來的淨土，密嚴指以三密莊嚴的大曼陀羅道場。

語譯：由於這種菩提心能夠包藏含攝一切諸佛的功德法，倘若通過修證使之出現，就能成爲九界一切衆生的導師，若將這種菩提心歸向本源，當下就是大日如來的淨土，不起於座，就能成就一切佛事。

菩提心就是無上佛道

菩提者，乃是無上佛道之名也。若欲發心作佛者，此心廣大，遍週法界；此心究竟，等若虛空；此心長遠，盡未來際，此心普備，離二乘障。若能一發此心，傾無始生死有淪，所有功德迴向菩提，皆能遠詣佛果，無有失滅。

道綽大師：《安樂集》

說明：道綽大師（西元五六二～六四五年）：唐朝并州汶水人。自幼出家，講敷《涅槃經》。後來在石壁山玄中寺中看到記述東魏曇鸞事迹的碑文，深有所感，於是專修淨土，講《觀無量壽經》二百餘遍，示誨道俗。

語譯：菩提就是無上佛道的名稱，如果發心願成佛，那麼，這個心就發得廣大，周遍整個法界；這個心就發得徹底，同虛空沒有二樣；這個心就發得長遠，盡未來際沒有窮盡；這個心就發得完備，遠離了聲聞、緣覺的障礙。如果一發起這個菩提心，就能傾滅無始劫以來淪落生死的罪業，將所有的功德迴向菩提心，都能有助於成就佛果，功德不會失滅。

悲智雙運，成就菩提

菩提心淺言之，是悲智並運之心。亦即大智慧、大慈悲、大願力相結合之心，終日度生是悲，終日無度是智。終日度生，終日無度之心是菩提心。淨業行人一心為利樂有情故，求生淨土，願見佛聞法後，盡未來際度一切衆生。如是之心，即是發菩提心之初步。蓋普度之心是悲，求生之心是智。若無大智慧決不能信淨土法門也。往往有些人自求極樂，卻無心普利，便不是菩提心。

黃念祖：《谷響集》

語譯：菩提心，淺顯地說，就是慈悲與智慧並運的心。也就是大智慧、大慈悲、大願力相結合的心。終日度衆生是慈悲，終日無衆生可度是智慧；終日度生，終日無度的心就是菩提心。淨業行人由於一心爲了利益安樂衆生，而求生西方淨土，發願見佛聞法後，盡未來際度一切衆生。這樣的心願，就是發菩提心的初步。普度衆生的心是慈悲，求生淨土的心是智慧，如果沒有大智慧決不能相信淨土法門。往往有些人自己求生極樂世界，卻沒有普利衆生的心願，這便不是菩提心。

念佛培植菩提種

云何求生淨土？謂在此土修行，其進道也難；彼土往生，其成佛也易。易故一生可致，難故累劫未成。是以往聖前賢人人趣向，千經萬論處處指歸。末世修行，無越於此。

然經稱少善不生，多福乃致。言多福，則莫若執持名號；言多善，則莫若發廣大心。是以暫持聖號，勝於布施百年；一發大心，超過修行歷劫。

蓋念佛本期作佛，大心不發，則雖念奚爲。發心原爲修行，淨土不生，則雖發易退。是則下菩提種，耕以念佛之犁，道果自然增長；乘大願船，入於淨土之海，西方決定往生。

省庵大師：《勸發菩提心文》

語譯：為什麼要求生西方極樂世界呢？因為在這個娑婆世界修行，很難入道；往生西方極樂世界，便容易成就佛果。容易成佛則一生便可圓成佛果；很難入道則累劫不會有成就。因而，往古的聖賢大德人人發願往生，千經萬論也處處指歸西方淨土。末法時期眾生修行，沒有那個法門能夠超勝淨土法門的。

然而，《佛說阿彌陀經》開示：少善根的人不得往生，多福德的人才能生到淨土。所謂的多福德，莫過於執持阿彌陀佛名號；所謂的多善根，也莫過於發普度眾生的廣大心。所以，暫時稱念佛號的功德，便勝於百年布施的功德；一發無上菩提心，便超過歷劫的修行。

念佛本來是為了成佛，如果不發菩提心，那麼，雖然念佛又為了什麼呢？發菩提心本來是為了修行，如果不能生到淨土，那麼，菩提心雖發也容易退失。所以，播下菩提種子，必須以念佛的犁來耕耘，道果才會自然增長。乘阿彌陀佛的大願船，駛入淨土之海，才能夠決定生到西方極樂世界。

皈依佛法僧，發菩提心

皈依佛、皈依法、皈依僧，我今發心，不爲自求人天福報，聲聞緣覺，乃至權乘諸位菩薩，惟依最上乘，發菩提心。願與法界衆生，一時同得阿耨多羅三藐三菩提。

《禮佛大懺悔文》

語譯：皈依佛、皈依法、皈依僧。我今日發這樣的心願：不爲自己求人天的福報，也不求聲聞、緣覺的果位，甚至不求大乘權教（藏教、通教、別教）菩薩的果位。惟願依照最上乘的佛法，發菩提心。願與法界衆生，一時共同證得無上正等正覺。

以念佛心換卻奔走名利的心

若慮身纏世網，念頭不得乾淨，但發個遠離求度之願，將牢牢歸向極樂世界見阿彌陀佛之心，換卻奔走名利之心，便即塵勞而覺路矣。

凡世間一切人我相、名利相、瞋喜相等，不但在身上所行出來，始爲牽連塵網。但心上略帶些子，即屬障道因緣。需要明白！當令身禮阿彌陀，口誦阿彌陀，心念阿彌陀，不涉分毫別念，便得洗滌乾淨，打破塵網，生極樂國。

覺明妙行菩薩．《西方確指》

語譯：倘若憂慮身纏世網，念頭不得乾淨，只要發個遠離塵俗求佛度脫的願，將牢牢歸向極樂世界見阿彌陀佛的心，換卻奔波競求名利的心，這樣便可轉塵勞為覺道。

大凡世間一切人我相、名利相、瞋恚歡喜相等等，不但在身上表現出來，便為塵網所牽制勾連，只是心性中略微染上這些意念，就屬於障礙道業的因緣。必須要明白這一點。應當令身禮拜阿彌陀佛，口持誦阿彌陀佛，心憶念阿彌陀佛，不涉及絲毫其他的意念。這樣做的話，便能將心性上的垢穢洗滌乾淨，打破塵網，往生西方極樂世界。

三種隨順菩提門法

菩薩遠離如是三種菩提門相違法，得三種隨順菩提門法滿足故。何等三種？一者，無染清淨心，以不為自身求諸樂故。二者，安清淨心，以拔一切衆生苦故。三者，樂清淨心，以令一切衆生得大菩提故，以攝取衆生生彼國土故。是名三種隨順菩提門法滿足。

天親菩薩：《往生論》

語譯：菩薩應當遠離這樣三種菩提道相違法，便可得到三種隨順菩提道的滿足。是那三種呢？第一、無污染的清淨心，不爲自己求安樂；第二、安淸淨心，拔除一切衆生的苦難。第三、樂清淨心，令一切衆生證得大菩提，攝取衆生往生到西方極樂世界。這就叫做三種隨順菩提道的必要條件。

三種菩提門相違法

菩薩如是善知迴向成就，即能遠離三種菩提門相違法。何等三種？一者依智慧門，不求自樂，遠離我心貪著自身故。二者依慈悲門，拔一切衆生苦，遠離無安衆生心故。三者依方便門，憐憫一切衆生心，遠離供養恭敬自身心故。

天親菩薩：《往生論》

語譯：菩薩這樣深知迴向功德的成就，就能自覺地遠離三種違背菩提心的做法。這三種做法是：第一、依止智慧門，不求自己的安樂，遠離我心貪欲，執著自己的身體。第二、依止慈悲門，拔除一切衆生的苦難，遠離不安慰勸化衆生的心。第三、依止方便門，憐憫一切衆生，遠離要他人供養、恭敬自己的心。

捨離妄想，成就佛智

昔我世尊始成正覺，嘆曰：「奇哉！奇哉！無一衆生而不具有如來智慧，但以妄想顛倒執著，不能證得；若離妄想，一切智、自然智、無礙智則得現前。」

吾壹不解此諸衆生於妄想執著何苦而不離，於如來智慧又何憚而不證。卒乃捨父逃逝，甘爲客作賤人而不知反。此無他故，不覺而已矣。才覺則現前妄想執著，全是如來智慧。蓋如來智慧無體，以衆生妄想爲體；衆生妄想無體，以如來智慧爲體。如水成波，全波是水，從本以來，畢竟常住無餘涅槃故。然而，覺與不覺之分斷不可自瞞自昧者也，於此瞿然而思，砉然以解，則菩提心之發，自有沛然莫御者，此心既發，一切智、自然智、無礙智，又何用他求哉？

彭紹升：《一行居集》

語譯：昔時，本師釋迦牟尼佛剛剛成就正覺，便感嘆地說：「奇怪呀！奇怪！沒有一個衆生不具備如來的智慧，只是由於妄想顚倒執著，不能夠證得；如果捨離妄想，那麼，自性中的一切智、自然智、無礙智便能夠現露出來。」

我非常不理解這個世界的衆生對於妄想執著爲什麼這樣苦苦地不願捨離，對於如來的智慧爲什麼這樣驚怖而不求修證。最後便落了個捨父逃逝，甘願客走他鄉作賤人，迷不知返的結局。出現這種結局沒有別的原因，只是不覺悟而已。一經覺悟，那麼，現前的妄想執著全體都是如來的智慧。因爲如來的智慧沒有體性，只以衆生的妄想爲體；衆生的妄想沒有體性，只以如來的智慧爲體。譬如水成波浪，波浪的全體就是水。衆生的心性從根本上來看，畢竟恆常住在眞如法性上。然而，覺悟與不覺悟的區別卻是決不可自己欺瞞遮蔽的。如果能夠冷峻地思究並豁然悟解到這個道理，那麼，菩提心的生發便勢不可擋。發了這種菩提心後，一切智、自然智、無礙智、又何必到別處去求覓呢？

念佛令心慈悲

凡公臨私養，歷涉緣務，雖造次而常內心不忘於佛，及憶淨土。譬如世人切事繫心，雖經歷語言去來坐臥及種種作務，而不妨密憶，前事宛然。念佛之心，亦應如是。或若失念，數數攝還，久久成性，任運常憶。

如此繫心，任運常遮一切惡念。設欲作惡，憶佛之故，惡不能成。縱使隨惡作惡業時，心常下軟；如身有香，自然離臭。又復覺心微起惡念，即便憶佛；以佛力故，惡念自息；如人遇難，求彼強援，必得免脫。又若見他受苦時，以念佛心，憐憫於彼，願其離苦。若斷刑獄，以念佛故，生憫念心。雖依王法，當密作願云：「我行王法，非我本心，願生淨土，誓相救濟。」凡歷一切境界，若善若惡，由心憶佛，皆心念作願。故普賢願王云：「作一切惡，皆不成就；若作善業，皆悉和合。」即此意爾，如是相續念佛在心，能辦一切淨因功德。

遵式：《往生淨土決疑行願二門》

語譯：無論爲公事還是做家務，處理諸多緣務，雖然忙碌而內心常不忘記佛，以及憶念西方淨土。譬如世人有切身大事掛在心上，雖然交談、去來坐臥，以及做種種事情，而不會妨礙潛密憶念；那件切要大事歷歷分明，念佛之心也應當這樣。倘若偶爾失掉佛念，應當趕緊將念頭攝回到念佛上。這樣，久久成爲習慣，便會自然而然地憶佛念佛了。

這樣的繫心念佛，自然常會擋住一切惡念。假如念佛人企圖做惡事，由於念佛的緣故，惡事便做不成。縱使爲報怨而做惡事，心也常會柔軟，如同身心染香，自然離臭。有時覺察到內心微起惡念，馬上念佛。由於佛力的加被，惡念自會息滅。如同人遇難，呼求他人强力的援助，必定脫免災難。有時倘若看到他人遭受苦難，以念佛心憐憫當事人，願望他脫離苦患。假苦審理獄案，由於念佛而生憐憫心。雖然依照王法執行，應當內心作願：「我執行王法審理，並非我的本意，願我往生淨土後，誓來救濟你。」

凡是歷涉一切或善或惡的境界，都不離念佛。都應當心念作願。所以，普賢菩薩在十大願王中說：「作一切惡，皆不成就，若作善業，皆悉和合。」就是這個意思，這樣不間斷地心心念佛，能夠積累一切淨因功德。

常發代衆生受苦心

常人謂，淨土宗惟是送死法門（臨終乃有用）。豈知淨土宗以大菩提心為主，常以抱積極之大悲心，發救濟衆生之宏願。

修淨土宗者，應常常發代衆生受苦心。願以一肩負擔一切衆生，代其受苦。所謂一切衆生者，非限一縣一省，乃至全世界。若依佛經說，如此世界之形，更有不可說，不可說許多之世界，有如此之多故。凡此一切世界之衆生，所造種種之苦，我願以一人一肩之力完全負擔。決不畏其多苦，請旁人分任。

弘一大師：《淨土法門大意》

語譯：一般人常說：淨土宗只是送死的法門（臨終才有用），那裡知道淨土宗以大菩提心為主。經常抱持著積極的大悲心，恆發救濟衆生的宏願。修淨土宗的人，應當常常發代替衆生受苦的心。願以一肩負擔一切衆生，代替衆生受苦。所謂一切衆生，不是限於一縣、一省，乃至全世界。如果依照佛經的說法，這樣世界的形狀，還有不可說，不可說許許多多的世界。由於有這麼多的世界。凡是這一切世界的衆生，所造的種種的苦業，我願以一人一肩之力完全負擔。決不畏懼其多苦，而請旁人分任。

佛法不是厭世

學佛法者，固不應迷戀塵世，以貪求榮華富貴，但亦決非是冷淡之厭世者。因學佛法之人，皆須發「大菩提心」，以一般人之苦樂爲苦樂，抱熱心救世之弘願。不唯非消極，乃是積極中之積極者。雖居住山林中，亦非貪享山林之清福，乃是勤修「戒」、「定」、「慧」三字，以預備將來出山救世之資具耳。與世俗青年學子在學校讀書，爲將來任事之準備者甚相似。

弘一大師：《佛法十疑略釋》

語譯：修學佛法的人，固然不應當迷戀塵世，以貪求榮華富貴；但是，也決不是冷淡的厭世主義者。因爲修學佛法的人，都必須發大菩提心。以一般人的苦樂爲苦樂，抱持熱心救世的弘（宏）願。這不僅不消極，而是積極中的積極者。

雖然居住在山林中，也不是爲了貪享山林的清福，而是勤修戒、定、慧三學，以準備將來出山救世的資本。與世俗青年學子在學校讀書，爲做事業上的準備甚爲相似。

學佛不應做伸手派

求福、求壽、求平安等等，總之都是向佛伸手，求之又求，始終是個伸手派。觀音大士曰：「先以欲鈎牽，後令入正道。」有求必應，是以欲鈎牽也；而其真實目的，是希望行者發心，從求佛變爲學佛，從伸手變爲助手。

佛教徒萬不能只是追求人天福報，蓮池大師發願文中，明白寫出「不求人天福報」。修行的真實目的，是求覺悟，佛者，覺也。我們學佛所爲何事？也只是普爲衆生求覺悟而已。種瓜得瓜，種豆得豆；種菩提得菩提，菩提者，覺也。

黃念祖：《谷響集》

語譯：求福、求壽、求平安等等，總之都是向佛伸手，求了又求，始終是一個伸手派。觀世音菩薩說：「首先以欲望的鈎牽引衆生，然後令衆生入佛的正道。」有求必應，就是用欲望的鈎牽引；然而，佛、菩薩的眞實目的，是希望修行人發菩提心，從求佛轉為學佛，從伸手變為助手。佛教徒千萬不能只是追求人天福報，蓮池大師的發願文中，明白寫出「不求人天福報」。修行的眞實目的，是求覺悟。佛的意思，就是覺悟。我們學佛的目的是什麼呢？也只是普為衆生求覺悟而已。種瓜得瓜，種豆得豆；種菩提得菩提，菩提就是覺悟。

(二)、厭離心

世人共爭不急之務

世人共爭不急之務，於此劇惡極苦之中，勤身營務，以自給濟。尊卑、貧富、少長、男女、累念積慮，爲心走使。無田憂田，無宅憂宅；眷屬財物，有無同憂。有一少一，思欲齊等；適小具有，又憂非常。水火盜賊，怨家債主，焚漂劫奪，消散磨滅。心慳意固，無能縱捨；命終棄捐，莫誰隨者；貧富同然，憂苦萬端。

《佛說大乘無量壽莊嚴清淨平等覺經》

語譯：世間人民共爭無關緊要的俗務，在這個濁惡極苦的世界，勤勞身心，經營事務，求得自給自足，聊度一生。尊卑、貧富、少長、男女等芸芸世人，苦心積慮，憂念重重，奔波勞碌，沒有停息之日。沒有田地時憂田地，沒有住宅時憂住宅。對於家親眷屬，資生財產，沒有的時候，心存憂慮；擁有的時候，還是同樣的憂患。攀緣競比，極力要與豪富者齊等；稍後積累了一些財物，又擔心遭遇橫禍，不能常保。水災、火災、被搶、被偷等禍，以及過去世或現在世的怨家債主，都可能突然帶來災禍。如同火能焚燒、水能漂沒、盜能劫奪、賊能偷竊，轉瞬間，全部的財物蕩然無存。世人的慳吝心非常堅固，一旦財物失去，心中便憤恨不已。一切世人臨命終時，所有的眷屬財物，不得不捨離。獨去獨來，什麼也帶不去。不論貧富貴賤，都同樣的憂苦無盡。

五惡、五痛、五燒

天地之間，五道分明。善惡報應，禍福相承。身自當之，無誰代者。善人行善，從樂入樂，從明入明；惡人行惡，從苦入苦，從冥入冥。誰能知者？獨佛知耳！教語開示，信行者少；生死不休，惡道不絕。如是世人，難可具盡；故有自然三途，無量苦惱，輾轉其中，世世累劫，無有出期；難得解脫，痛不可言。

如是五惡①、五痛②、五燒③，譬如大火焚燒人身，若能自於其中，一心制意，端身正念；言行相副，所作至誠；獨作諸善，不為衆惡；身獨度脫，獲其福德，可得長壽泥洹之道，是為五大善也。

《佛說大乘無量壽莊嚴清淨平等覺經》

注釋：①五惡：即：殺生、偷盜、邪淫、妄語、飲酒。②五痛：造五惡便在現世身遭厄難。③五燒：造五惡死後墮三惡道受果報。火燒是地獄的相狀。

語譯：在這個世界，五道（天、人、畜生、餓鬼、地獄）因果報應，清楚明白。作善得福，造惡得禍，禍福相倚，苦樂相繼，都是自作自受，沒有誰能夠替代。善人行善，能夠從快樂進入更殊勝的快樂，從智慧進入更高的智慧。惡人造惡業，將會從苦痛加劇到更慘的苦痛，從愚癡滑入更深的愚癡。這些善惡果報，唯有佛才清楚明了。

佛苦口婆心地教化眾生，開示淨土法門。然而，相信並修行的人寥寥無幾。因而，這些眾生輪轉生死，墮入惡道，無有窮盡。這樣的世人，舉目皆是，無法陳說。眾生自然招感三途（畜生、餓鬼、地獄）的果報。在其中備受痛苦惱患，輾轉不已，經無量劫也沒有出頭之日，很難得到解脫，其苦狀難以言說。

造五惡的因，導致現世五痛的花報和死後五燒的果報。猶如大火焚燒人身。倘若你們自己能在這五痛、五燒之中，專志一心，克制自己的貪欲，端身正念。所作所為，誠實不欺。獨自修善，諸惡莫作，自己度脫自己。獲得應有的福德，這樣便可以得到無量的壽命，證到涅槃的正道，這就叫做五種大善。

求人天福報，難生西方淨土

慈氏白言：「云何此界一類眾生，雖亦修善而不求生？」佛告慈氏：「此等眾生智慧微淺，分別西方不及天界，是以非樂，不求生彼。」慈氏白言：「此等眾生虛妄分別，不求佛剎，何免輪迴？」

佛言：「彼等所種善根，不能離相，不求佛慧，深著世樂，人間福報。雖復修福，求人天果；得報之時，一切豐足。而未能出三界獄中。假使父母、妻子、男女、眷屬欲相救免，邪見業王未能捨離，常處輪迴而不自在。」

《佛說大乘無量壽莊嚴清淨平等覺經》

語譯：彌勒菩薩啓問：「為什麼這個世界有一類眾生，雖然也修善積德，但不求生西方極樂世界呢？」佛回答：「這一類眾生缺少智慧，以為西方淨土的快樂不如天界，所以不願求生西方極樂世界。」彌勒菩薩說：「這一類眾生如此虛妄分別，不求生西方極樂世界，不知道修善雖得生天，但天福享盡，仍然生死輪轉，不得解脫。」

佛言：「這一類衆生所修的善行，只是貪求世間的快樂，人間的福報。不求佛的無上智慧。雖然他們也廣修福德，求人天的果報。到了果報酬償的時候，一切衣食用具豐足，而不能出離三界的牢獄，命終之後，假使父母、妻子、男女、眷屬爲這類衆生懺罪誦經，希冀救度。但是，這一類衆生受邪知邪見的業力所主宰，執迷不悟，所以永墮生死輪迴，不得自在。」

韋提希夫人哀求淨土

時韋提希見佛世尊，自絕瓔珞，舉身投地號泣向佛，白言：「世尊！我宿何罪，生此惡子？世尊復有何等因緣，與提婆達多，共爲眷屬？唯願世尊，爲我廣説無憂惱處，我當往生，不樂閻浮提惡世也。此濁惡處，地獄、餓鬼、畜生盈滿，多不善聚。願我未來不聞惡聲，不見惡人。今向世尊五體投地，求哀懺悔。唯願佛日，教我觀於清淨業處。」

《佛說觀無量壽佛經》

說明：摩竭陀國的阿闍世太子，在提婆達多的煽動下，將父親頻婆娑羅王關進監獄，並下令不准人送飲食給他。國太夫人韋提希即香湯沐浴，在身體上塗了麩蜜，進入獄中，以此供奉王夫。並懇請佛陀蒞臨說法。

語譯：韋提希說此話後，佛陀領著目犍連和阿難即刻站在他們的面前。這時，韋提希夫人見到世尊，自己將瓔珞等裝飾品解下，驚喜地舉身投地，號泣向佛陀說道：「慈悲的佛陀！我們宿世何罪，生下如此惡子？佛陀以何因緣，怎麼會與提婆達多共爲眷屬？唯願佛陀爲我詳細廣說清淨無憂惱的地方，我願往生清淨佛土，不願住在這個穢惡的世界。我現在知道，這一個世界是五濁惡世，地獄、餓鬼、畜生充滿其中，多是不善之人相聚一起。願我未來不聞惡聲，不見惡人。現在向慈悲的佛陀五體投地，求哀懺悔。唯願佛陀像那破除晦暗的太陽那樣，教我等觀想清淨佛土的法門。」

欣厭深切，方得往生

娑婆雖苦，處的已久，實不庸易離開；蓮邦雖樂，概未曾到過，豈能遽往？必須真心徹到對於娑婆，深生厭惡；對於極樂，渴想甚深，方得往生。

善導大師：《善導和尚集》

語譯：娑婆世界雖然苦難，但是處身其中的時間長，實在不容易離開；西方淨土雖然快樂，但是大家都不曾到過，怎麼能夠瞬刻往生呢？必須對於娑婆世界生出眞切的厭惡心，對於西方極樂世界生出極深的渴想神往心，才能夠往生。

厭離行與欣願行

問：今欲決定求生西方，未知作何行業，以何爲種子，得生彼國？

答：欲決定生西方者，具有二種行，定得生彼。一者厭離行，二者欣願行。言厭離行者，凡夫無始以來，爲五欲纏縛，輪迴五道，備受衆苦，不起心厭離五欲，未有出期。發願願我永離三界雜食、臭穢、膿血、不淨、耽荒、五欲、男女等身；

願得淨土法性生身，此爲厭離行。

二明欣願行者，復有二種，一者先明求往生之意。所以求生淨土，爲欲救拔一切衆生苦故。二者觀彼淨土莊嚴等事，欣心願求。常行念佛三昧，及施戒修等一切善行。悉以迴施一切衆生，同生彼國，決定得生，此謂欣願門也。

智者大師：《淨土十疑論》

語譯：有人問：如今發願決定求生西方極樂世界，不知道作什麼修行，以什麼爲種子，才能往生西方極樂世界？

回答：要想決定往生西方極樂世界，應具備二種行願，決定能夠往生。第一、厭離行；第二、欣願行。厭離行是指：凡夫無始劫以來，被五欲纏縛，輪迴五道，遭受種種的苦難。如果不起厭離五欲（財、色、名、食、睡）的心，便不會有出頭之日。發願願我永離三界的雜食、臭穢、膿血、不淨、耽荒、五欲、男女等身；願得西方淨土的法性身，這是厭離行。

第二、欣願行含攝二種含義。其一，首先明了求往生西方極樂世界的意義。往生西方淨土，是爲了救拔一切衆生的苦難。其二，觀察西方極樂世界種種莊嚴妙好事相，欣心發願往生。經常修行念佛三昧，以及將布施持戒所修的一切善行，都迴向一切衆生。願同衆生一道往生西方極樂世界，決定能得往生，這就叫做欣願門。

人身難得，急得修持

人身難得今已得，佛法難聞今已聞。
此身不向今生度，更向何生度此身。
西方急急早修持，生死無常不可期。
窗外日光彈指過，爲人能有幾多時。

德森法師

說明：德森法師（西元一八八二～一九六二年）：江西興國人，三十一歲出家。卓錫蘇州靈岩寺，專修淨土。曾助印光大師創建弘化社。預知時至，臨終時，連呼三聲：「決定成佛！」而化。室有異香，火化得舍利甚多。塔於靈岩。

語譯：

人身難得，現在已經得到了；

佛法難聞，現在已經聽聞到了。
這個色身如果不在今生度脫，
又還能向那一生度脫呢？
西方淨土應當趁早急切地修持，
生死無常，不可期待來日。
窗外的日光，彈指頃倏爾而過；
作爲人身還能有幾多光景呢？

出離心是修淨土的根本

常說：高明容易解脫難。要能透脫人世間種種纏縛（妻兒子女、功名富貴、生活享受），談談容易，做到很難。甚至有的出家人，雖然擺脫了世間的家庭眷屬、名譽地位，可是內心仍夾雜著自己想當佛教領袖、羣衆導師。於是大佔山頭，大收徒衆，重用親信，宗派相爭，生活享受如同富翁。這與釋尊捨皇位離王宮，林間度夜，托缽乞食，真是鮮明對比。所以世間這些難捨之物，都像癌細胞，是萬萬不能發展的。所以首先要對這樣難捨的東西能捨，不再留戀。

出離心不是消極厭世，恰恰相反，這是真正的大雄心。爲了積極救世，就須輕裝上陣。自己還在昏睡，焉能喚醒別人的酣夢？更切己的是留戀世間，正是最嚴重的執著；那麼你的鏡子就擦不乾淨了。首先要有一個出離心，這是個最根本的。

黃念祖：《心聲錄》

以苦爲師，致成佛道

諸佛以苦爲師，致成佛道。吾人當以病爲藥，速求出離。須知具縛凡夫，若無貧窮疾病等苦，將日奔馳於聲色名利之場，而莫之能已。誰肯於得意煊赫之時，回首作未來沈溺之想乎？吾人以博地凡夫，直欲上承法王覺道，下化法界有情，倘不稍藉挫折於貧病，則凡惑日熾，淨業難成。迷昧本心，永淪惡道。盡未來際，求出無期矣。古德所謂「不經一番寒徹骨，爭得梅花撲鼻香」者，正此之謂也。

印光大師：《印光法師文鈔》

語譯：諸佛以苦難為良師，從中磨煉致成佛道。我們應當以疾病為良藥，速求出離生死。須知具足煩惱纏縛的凡夫，倘若沒有貧窮疾病等苦難，必將日日奔馳於聲色名利之場，而永不休止。誰肯在得意煊赫的時候，回頭作未來沈溺苦海之想呢？我們以博地凡夫的身份，意欲上承無上佛道，下化法界有情衆生，倘稍借貧困病苦等挫折，則凡俗的迷惑日益熾盛，淨業難以成就。迷昧本有的覺心，永遠淪墮到三惡道。在未來悠久的日月裡，想求出離惡道，總屬遙遙無期。古德所說的：「不經一番寒徹骨，爭得梅花撲鼻香？」正是包含這個意思。

八苦為師，成解脫道

諸佛以八苦為師，成無上道，是苦為成佛之本。又佛令弟子最初即修不淨觀①，觀之久久，即可斷惑證真，成阿羅漢。則不淨又為清淨之本。北俱盧洲②之人，了無有苦，故不能入道。南閻浮提③苦事甚多，故入佛道以了生死者，莫能窮數。使世間絕無生老病死、刀兵水火等苦，則人各醉生夢死於逸樂中，誰肯發出世心，以求了生死乎？

印光大師：《印光法師文鈔》

注釋：①不淨觀：為對治貪心，觀身不淨。不淨觀有二種：一、觀自身不淨，有九相：死想、脹想、青瘀想、膿爛想、壞想、血塗想、蟲噉想、骨鎖想、分散想。二、觀他身不淨，有五相：種子不淨、住處不淨、自相不淨、自體不淨、究竟不淨。②北俱盧洲：又名鬱單越，佛經所說四大洲之一，在須彌山北面。該洲眾生平等安足，壽足千年。因為快樂滿足，難興修道心，故該洲沒有佛法。③南閻浮提：在須彌山南方鹹海中，即我們所居的世界。

語譯：一切佛都以八苦（生、老、病、死、愛別離、怨憎會、求不得、五陰熾盛）爲師，而成就無上的道果，這八苦是成佛的根本。另外，佛陀教導弟子在最初時，先修不淨觀。不淨觀久修契入，便能斷除迷惑，證得眞如本性，成就阿羅漢果。這樣，不淨又作爲清淨之根本。北俱盧洲的衆生了無苦難，所以不能入道。南閻浮提的衆生遭遇諸多的苦難，所以，入佛證道、了生脫死的衆生難以計算。假使世間絕對沒有生老病死、刀兵水火等苦難；那麼，人人都會在放逸安樂中醉生夢死，誰還肯發出世心，修道以求了生脫死呢？

十種逆境，翻成道果

一、念身不求無病。身無病則貪欲生，必破戒退道；知病性空，病不能惱。故以病苦爲良藥。二、處世不求無難。世無難則驕奢起，必欺壓一切；體難本妄，難亦奚傷？故以患難爲解脫。三、究心不求無障，心無障則學躐等，必未得謂得；解障無根，即障自寂。故以障礙爲逍遙。四、立行不求無魔。行無魔則願不堅，必未證謂證；達魔妄有，魔何能嬈？故以羣魔爲法侶。五、謀事不求易成。事易成則志輕慢，必稱我有能；了成事隨業，事不由能。故以事難爲安樂。六、交情不求益我。情益我則虧道義，必見人之非；察情有因，情乃依緣。故以弊交爲資糧。七、於人不求順適，人順適則內自矜，必執我之是；悟人處世，人但酬報。故以逆人爲園林。八、施德不求望報。德望報則意有圖，必華名欲揚；明德無性，德亦非實。故以施德爲棄屣。九、見利不求沾分。利沾分則癡心動，必貪利毀己；了利本空，利莫妄求。故以疏利爲富貴。十、被抑不求申明。抑申明則存人我，必怨恨滋生；忍抑爲謙，抑何傷我？故以受抑爲行門。

如是居礙反通，求通反礙。於此障礙，皆成妙境。是以如來於障礙中得菩提道。

說明：妙葉法師，明代高僧，嘗習天臺教觀，深修念佛三昧，著書弘揚淨土，破爲時所重。

語譯：第一、念身不要求不生病。身體無病則貪欲容易生起，貪欲生必定會破毀戒律，退失道心；了知疾病本性空幻，疾病便不成苦惱。因此以病苦作爲良藥。

第二、處世接物不要求無患難。世間無患難則驕奢之心便容易興起，有驕奢心必定會欺壓一切；體會患難本來虛妄，苦難又有何傷害？因此以患難作爲解脫。

第三、窮究心性不要求無障礙。心無障礙則學道容易躁進，有躁進心必定沒有開悟而自稱開悟；了解障礙本來無根，障礙自會寂沒。因此以障礙作爲逍遙。

第四、修行不要求無魔。修行無魔則願心不堅固，願心不固必定沒有證道而自稱證道；了達魔本是妄有，魔怎能干擾？因此以羣魔作爲法侶。

第五、謀事不要求容易成就。事情容易成就則志意容易輕慢，志意輕慢必會誇耀我有能耐；明了事情的成敗，都是隨業而定，而不是取決於能力大小。因此以事情障難爲安樂。

第六、人際交情不要求有益於己。情感有益於自己則虧損道義，道義虧損必會看見他人的不是；察覺交情厚薄總有前因，交情親疏便隨緣而立。因此以虧己利他之交作爲資糧。

第七、接交他人不要求隨順適應自己。他人的隨順適應則容易引發自己的傲慢心，傲慢心必定會强化我執；體悟人際處世，人人都在酬還業報。因此以冤家對頭爲園林。

第八、行善積德不要求回報。做善行望回報則意有圖謀，意有圖謀必會揚名爭寵；明了善德無自性，也沒有實性，因此就視施德爲遺棄草鞋。

第九、看見利益不求沾分。利益沾分則癡心妄動，癡心妄動必定貪圖利益，毀損自己；了知利益本空，利益不要妄求。因此以疏遠利益作爲富貴。

第十、被人壓制不求申明冤屈。申明冤屈則存人我之見，有人我之見必會滋生怨恨；忍冤爲謙遜，壓制又何能傷害我。因此以受壓制作爲修行的法門。

這樣，身居障難的環境反而通達；企求通達反而障礙重重。這些障礙，如能正確對待，便全都成爲助道的妙境。所以，一切諸佛在障礙中證得菩提道果。

疾病乃衆生的良藥

世人以病爲苦。而先德云：「病者，衆生之良藥。」何也？蓋有形之身不能無病，值無病時，嬉怡放逸，誰爲覺悟者？惟病苦逼身，上乘人從此悟四大非實，人命無常，倍堅道念。其次，亦萬念灰冷，良心孤露，從前所作善惡，歷歷現前，不容欺昧，急切回頭。然則病誠悔悟之一機，而修進之一助也。然無根器人，病至而怨尤，病甚而惶懼，及病去而復縱恣妄行，以自愉快。邪迷不返，雖盧扁其如之何？故因病受益者，非有根器人不能。

周克復：《淨土晨鐘》

說明：周克復，清代居士，浙江人，業中醫，後皈信佛教，有《淨土晨鐘》問世。

語譯：世間人以疾病爲苦，而古德說：「疾病是衆生的良藥。」爲什麼這樣說呢？因爲有形的身體不可能不患病，正值無疾病時，嬉戲、怡樂、放逸、沈溺其中，誰爲覺悟者呢？惟有病苦逼惱身形，上根器的人由此而悟到四大（地、水、風、火）

不實在，人命無常。因而加倍地堅定道念。次一等根器的人，也在萬念灰冷之際，良心孤露，從前所作的善善惡惡，歷歷現前，容不得自欺瞞昧，亟須急切回頭。這樣，疾病便成悔悟的契機，成爲修道精進的助緣。然而，無根器的人，病來便怨天尤人，病重則惶懼失措，等到病好而又像從前一樣縱恣妄行，以圖痛快，邪迷不返。雖有盧師、扁鵲再世，又如之奈何呢？所以，因病而受益，非根器良好的人是不可能得到的。

將死字貼在額顱上

欲心不貪外事，專志念佛，亦無奇特奧妙法則，但將一個死字，貼到額顱上，掛到眉毛上。果能生死心切，信得及，不生一念疑惑之心。則雖未出娑婆，已非娑婆之客；未生極樂，即是極樂之嘉賓。

印光大師：《印光法師文鈔》

語譯：如要心不貪戀外事，專志念佛，也沒有什麼奇特奧妙的方法，只要將一個「死」字，貼在額顱上，掛到眉毛上。如果解脫生死的心眞切，信得及，不生一念懷疑迷惑的心，那麼，這樣的念佛人雖然現今未出娑婆世界，但已不是娑婆世界的久客；雖然目前還未生到西方淨土，卻就是極樂世界的嘉賓。

逆順現前，不改往生之願

若赤熱鐵輪旋轉頂上，不以此苦退失往生之願。若輪王勝妙五欲現前，亦不以此樂退失往生之願。此逆順至極，尚不改所願，況世間小小逆順境界，豈能引轉哉？能如是願，可謂切矣。

徹悟禪師：《徹悟禪師語錄》

語譯：假若赤熱的鐵輪在頭頂上旋轉，不因為這個痛苦而退失往生淨土的心願。假若轉輪聖王殊勝微妙的五欲享樂出現在面前，也不因為這種享樂退失往生淨土的心願。這些極端的忤逆與順境，尚且不改移所發的往生之願，何況世間小小的逆順境界，怎麼能引轉往生之願呢？能發這樣的願才可稱為眞切。

淨土之趨，萬牛不能挽

問曰：淨土廣大簡易，既聞命矣。如禪宗悟達之士，既曰「見性成佛」，其肯復求淨土之生乎？

答曰：汝未之知耳，悟達之士，正願往生。古人云：「不生淨土，何土可生？」汝但未悟，使汝既悟，則汝淨土之趨，萬牛不能挽矣。

今此國中，釋迦已滅，彌勒未生，而況四惡苦趣，因果牽纏；外道邪魔，是非扇亂；美色淫聲之相惑，惡緣穢觸之交侵。既無現佛可依，又被境緣所撓。初心悟達之人，鮮有不遭其敗退者。所以世尊殷勤指歸極樂者，良有以也。蓋彼彌陀，現在說法，樂土境緣，種種清淨。倘依彼佛，忍力易成；高登佛階，親蒙授記。然後出化衆生，去來無礙也。以是之故，雖上根利器猶願託生，況汝中下之輩，初得發明者乎？

天如禪師：《淨土或問》

說明：天如禪師（西元？～一三五四年）：元代臨濟宗禪僧，又稱惟則。幼時出家，得法於中峯明本禪師，兼弘淨土，第進修行，著《淨土或問》等。

語譯：有人問：淨土法門廣大簡易，我已經聞到並信受了。然而，譬如禪宗已開悟的人，既然是「見性成佛」，這人還肯求生西方極樂世界嗎？

回答：你還不知道呢，悟達的人，正應發願往生西方極樂世界。古人說：「不生西方淨土，還有什麼佛土可生？」你還是沒有開悟，假使你已開悟，那麼，你對西方淨土的趨向，是萬牛的力量也不能挽轉的。

如今這個娑婆世界中，釋迦牟尼佛已經滅度，彌勒佛尚未降生，何況四惡（阿修羅、畜生、餓鬼、地獄）苦趣，因因果果牽纏不休；外道邪魔；是非煽亂；美色淫色競相誘惑；惡劣的環境，穢濁的感觸交相侵擾。既無現世的佛可依怙，又被環境所干擾，初心悟達的人，少有不遭敗退的。所以，釋迦牟尼佛殷勤指歸西方極樂世界。用心可謂良苦。西方極樂世界的阿彌陀佛，現正在講經說法，極樂世界的境況，種種清淨妙好。倘若依止阿彌陀佛，忍力容易成就。高登佛階，親蒙阿彌陀佛授記。然後倒駕慈航，度化眾生，去來無礙。由於這個緣故，雖上根利器的人也願往生西方極樂世界，何況你們中下根器的人；又何況稍稍得點悟證的人呢？

愛不重不生娑婆，念不一不生極樂

愛不重不生娑婆；念不一不生極樂。娑婆，穢土也；極樂，淨土也。娑婆之壽則有量，彼土之壽則無量矣。娑婆備諸苦，彼土則安養無苦矣。娑婆隨業，轉輪生死；彼土一往，則永證無生法忍。若願度生，則任意自在，不為諸業轉矣。其淨

穢、壽量、苦樂、生死如是差別，而衆生冥然不知，可不哀哉？！　楊杰：〈念佛鏡序〉

語譯：愛欲不重不會生到這個娑婆世界；淨念不純一難以往生西方極樂世界。娑婆世界是穢土，極樂世界是淨土；娑婆世界的壽命有限，西方淨土的壽命無量；娑婆世界充滿種種苦難，西方淨土則安樂無苦；娑婆世界隨著業力輪轉生死，西方淨土一得往生便永遠證得無生法忍。如果發願度衆生，則任意自在，不被業力所牽轉。兩土的淨穢、壽量、苦樂、生死有這樣大的差別，然而，衆生卻冥然不知，這不是很悲哀嗎？

輕淡娑婆之愛，純一淨土之念

「愛不重不生娑婆，念不一不生極樂」。此二語，可謂刮翳①眼之金牌，活膏肓之聖藥。凡有志於求生極樂者，宜以此書之於屋壁，銘之於肌膚，時時莊誦，念念提撕②。於娑婆之愛，日務求其輕；極樂之念，日務求其一。輕之又輕之，以漸階乎無。一之又一之，以漸鄰乎極。果能如此，則此人雖未脫娑婆，不是娑婆之久客；雖未生極樂，已是極樂之嘉賓。臨終正念現前，往生極樂必矣。

說明：傳燈大師：號無盡，明代高僧。戒行清苦，學識高超，後住幽溪高明寺，立天臺祖庭，被譽為「中興天臺」的人，世稱幽溪大師。著有《圓中鈔》。

注釋：①翳：遮蔽。②提撕：警覺。

語譯：「愛欲不重不會生到這個娑婆世界，淨念不純一難以往生西方極樂世界」。這兩句話，可以說是刮去眼內障物的金牌，是療治絕症的聖藥。凡是志願求生西方極樂世界的人，應當將這二句話書寫在屋壁上，銘記在內心。時時莊重地誦讀，念念警覺自省。對於娑婆世界的愛欲，每日務求其輕淡；往生西方極樂世界的心念，每日務求其純一。娑婆世界的愛欲，輕淡又輕淡，漸漸以致消除。發願往生的心念，純一又純一，漸漸到達極點。果能這樣的修持，那麼，此人雖然尚未脫離娑婆世界，但已經不是娑婆世界的久客；雖然尚未生到西方極樂世界，然已是西方極樂世界的嘉賓。臨命終時，正念現前，必定往生西方極樂世界。

唯有徑路修行，但念阿彌陀佛

漸漸雞皮鶴髮　看看行步龍鐘
假饒金玉滿堂　難免衰殘老病
任汝千般快樂　無常終是到來
唯有徑路修行　但念阿彌陀佛

善導大師．摘自《蓮花世界詩》

語譯：

漸漸的皮膚皺了，頭髮染上霜雪。
轉眼間走路也龍鐘顫巍了。
就算有充塞堂宇的黃金珠玉，
也難免體衰身殘，年老病患。
即便你享受千般的快樂，
死亡終究要到來。
解脫生死唯有一種便捷的修行，

只要持念阿彌陀佛。

病中畫西方變相頌

極樂世界清靜土　無諸惡道及衆苦
願如我身病苦者　同生無量壽佛所

白居易：摘自《蓮華世界詩》

語譯：

西方極樂世界的清淨刹土中，沒有三惡道，也無衆般苦。祈願像我一樣身罹病苦的人，共同往生阿彌陀佛的國土。

咬定佛號，敵過妄想

修行第一要爲生死心切。生死心不切，如何敢云念佛成片。且衆生無量劫來，念念妄想，情根固蔽，日用未嘗返省。今欲以虛浮信心，斷多劫生死，所謂滴水焉能救積薪之火，豈有是理哉？若當人果爲生死心切，念念如救頭然。只恐一失人身，百劫難復。要將此一聲佛咬定，定要敵過妄想。一切處念念現前，不被妄想牽纏遮障。如此下苦工夫，久久純熟，自然相應。如此不求成片，而自成一片矣。此事如魚飲水，冷暖自知，告訴不得他人，全在自己著力。若但將念佛做皮面，驢年無受用時。

憨山大師：《憨山老人夢遊集》

語譯：修行的第一要務是：解脫生死的心要眞切，生死心不眞切，如何能做到念佛成片呢？況且衆生自無量劫以來，念念忘想紛呈，情根愛鎖堅固隱蔽。日常生活中未嘗返觀內省，如今想以虛假浮泛的信心，截斷多劫以來的生死之流，譬如一滴水怎能救滅一堆柴薪所燃的火？怎麼會有這個理呢？倘若這人果然了生死的心急切。念念念佛，如救燃燒著的頭，只惟恐一失人身，百劫難以再得人身。要將這一聲阿彌陀佛緊緊咬定，一定要敵過妄想。無論何時何地，佛號念念現前，不被妄想所牽纏遮障自心。這樣痛下苦工夫，久久佛號純熟，自然會感應道交。這樣不求成片，自會念佛成片。這修行的事如魚飲水，冷暖消息只有自己知道，告訴不得他人。完全取決於自己的修持工夫。倘若只是將念佛做表皮文章，那到驢年馬月也得不到受用。

渡河逃命，十念相續

譬如有人，空曠迥處，值遇怨賊。拔刀奮勇，直來欲殺。其人勁走，視渡一河。若得渡河，首領可全。爾時但念渡河方便：「我至河岸，爲著衣渡？爲脫衣渡？若著衣納，恐不得過；若脫衣納，恐無得暇。」但有此念，更無他緣。唯念何當渡河，即是一念；如是不雜心，名爲十念相續。

行者亦爾。念阿彌陀佛，如彼念渡，經於十念。若念佛名字，若念佛相好，若念佛光明，若念佛神力，若念佛功德，若念佛智慧，若念佛本願。無他心間雜，心心相次乃至十念，名爲十念相續。

曇鸞大師：《略論安樂淨土義》

語譯：譬如有人在空曠無人的地方，遇到曾結怨仇的盜賊。盜賊拔刀凶猛地要來殺害這人，這人見狀趕緊逃命。奔跑中，只見有一條河橫在前面，倘若能夠渡過這條河，生命可得保全。那時，這人專志思索渡河的方法：「我到河邊時，是穿衣渡河？還是脫衣度河？倘若不脫衣服，恐怕游不到河岸；倘若脫衣服，恐怕耽擱時間被賊趕上。」當時，這人只有如何渡河的念頭，更沒有其他的雜念。唯有思忖如何能過河，這就是一念。這樣不夾雜他念，就叫做十念相續。

修行的人也同樣如此。念阿彌陀佛，正如那人念如何得渡河那樣，經過十念。或念阿彌陀佛的名號，或念阿彌陀佛的相好，或念阿彌陀佛的光明，或念阿彌陀佛的神力，或念阿彌陀佛的功德，或念阿彌陀佛的智慧，或念阿彌陀佛的本願。不間雜其他的心念，心心相繼，乃至十念，這就叫作十念相續。

斬斷世緣，早辦前程

苟不把家緣世事一刀斬斷，六字洪名盡力提起，欲望娑婆之脫，安養之生，難矣。不生安養，而欲脫生死；不脫生死，而欲免墮落，抑會難矣。縱一生兩生不失人身，濟得什麼事？

不以念佛爲急，而以世間小善爲急；不以生死大事爲先，而以人天福報爲先；是不知先後也。居士今日要務，惟當謝絕人事，一心念佛，加以齋戒二字，尤爲盡美。大抵西方佛國，非悠悠散善所能致萬劫生死；非因循怠惰所能脫無常迅速。旦暮即至，安得不爲之早辦耶！

王日休：《龍舒淨土文》

語譯：如果不把家緣世事一刀斬斷，南無阿彌陀佛的六字洪名盡力提起，意欲脫離娑婆世界，往生西方極樂世界，是難得成功的；不往生西方極樂世界，而想了脫生死是很難的；未能了脫生死，而想不墮到惡道，又是極難的。一生兩生不失人身，又能濟得什麼事呢？

不以念佛作爲急務，而以世間小善作爲急務；不把生死大事放在優先地位，而把人天福報放在優先地位；這是不明白輕重緩急。居士今日亟須做的，惟當謝絕人事，一心念佛。兼以奉齋持戒，尤爲盡善盡美。一般說來，西方極樂世界不是悠悠散善便能截斷萬劫生死之流的，不是因循怠惰便能解脫無常迅速的。死亡早晚便到，怎能不趁早預辦往生的資糧呢！

痛念生死，念佛求生

今所念之佛，即自性彌陀：所求淨土，即唯心極樂。諸人苟能念念不忘，心心彌陀出現，步步極樂家鄉。又何以遠企於十萬億國之外，別有淨土可歸耶？

所以道心淨則土亦淨，心穢則土亦穢。是則，一念惡心起，刀林劍樹樅①然；

一念善心生，寶地華池宛爾。天堂地獄，又豈外於此心哉！諸善男子，各諦思惟，應當痛念生死事大，無常迅速，一失人身，萬劫難復。日月如流，時不可待；倘負此緣，當面錯過，大限臨頭，悔之何及！

憨山大師：《憨山老人夢遊集》

注釋：①縱：聳峙；向上翹起。

語譯：如今所念的佛，即是自性阿彌陀佛；所求生的淨土，即是唯心極樂世界。你們如果能夠念念不忘，那麼，心心感招阿彌陀佛出現，步步直趨極樂家鄉。又為何企望遠在十萬億國土之外，另有淨土可歸呢？

所以說，心清淨則國土也清淨，心汚穢則國土也汚穢。由此，生起一念惡心，便聳峙刀林劍樹；生起一念善心，則宛然顯現寶地華池。天堂地獄又怎能超出此心之外！善男子們，你們各人仔細思惟，應當痛念生死事大，無常迅速，一失人身，萬劫難得恢復人身。日月如同江水東流，時間不可等待；倘若這個機緣，當面錯過，死亡臨頭，後悔就來不及了！

生死無常，急宜念佛

昔一僧探俗友，勸以生死事大，急宜念佛；友謝以三頭未了。僧問故。友曰：「親柩未舉，男婚女嫁未畢。」僧別不久，友忽亡，僧往吊，作詩曰：「吾友名爲張祖留，勸伊念佛說三頭，可怪閻公無分曉，三頭未了便來勾。」周克復：《淨土晨鐘》

語譯：從前，有一僧人探望俗友，勸告俗友說：「生死事大，應當趕緊念佛。」俗友回答：「有三件大事沒有了結，目前沒有時間念佛。」僧人問那三件事？俗友說：「父母送終、兒子娶親、女兒出嫁。」僧人聽了，默然而退。不久，俗友忽然亡故，僧人去吊唁，作詩一首：「吾友名爲張祖留，勸伊念佛說三頭；可怪閻公無分曉，三頭未了便來勾。」

至心念佛，如救頭然

世間一切重苦，無過生死。生死不了，生死死生，生生死死；出一胞胎，入一胞胎；捨一皮袋，取一皮袋。苦已不堪，況輪迴未出，難免墮落。一念之差，便入惡趣；三途易入而難出，地獄時長而苦重。每一念及，五內如焚。故即今痛念生死，如喪考妣，如救頭然也。

徹悟禪師：《徹悟禪師語錄》

語譯：世間一切極重的痛苦，無過於生死之苦。如果生死不能了脫，就將生死死生，生生死死；出一胞胎，入一胞胎。捨一皮袋，取一皮袋。這樣已是痛苦不堪，更何況沒有跳出輪迴，還難免墮落。一念之差，就會墮入三惡道。古德說：「三途易入而難出，地獄時長而苦重。」一想到這裡，能不憂心如焚？所以現在就應該痛念生死，像喪了父母那樣痛心，像救頭上火燒那樣急迫。

拔除愛樁，乘風往西

淨土法門，千妥萬當，不容擬議。且此一句佛，開口便道著，有何難念？然舉世之念佛者多，往生者少，其故何也？只爲娑婆念重故也。正如萬斛之舟，欲乘風張帆，有瞬息千里之勢。你若向船頭釘一樁，不肯拔去，其能進否？所以雖日日念佛，西方尚遠，往生無分。今念佛人，若能得娑婆世界上一切恩愛、一切產業、一切怨債、一切欲樂嗜好，一刀兩斷，不復回顧，但專持佛名不捨，任運度日，則往生自然可必。

語譯：淨土法門非常穩妥，非常便當，這是不容有絲毫懷疑的。並且這一句阿彌陀佛，開口便能念，有什麼難念的呢？然而，世間念佛的人多，往生的人少，這是什麼緣故呢？原因就是對娑婆世界的貪念重。正如萬斛之舟，如果乘風張開帆蓬，便有瞬息千里的力勢；倘若你在船頭釘一個樁子，不肯拔去，這條大船還能前進嗎？所以，雖然天天念佛，而西方極樂世界尚還遙遠，便不得往生。現在的念佛人，倘若能將娑婆世界上的一切恩愛、一切產業、一切怨債、一切欲樂嗜好，一刀兩斷，不再回顧留戀；只是專持阿彌陀佛名號，不捨不斷，隨緣度日；那麼，必定可得往生西方極樂世界。

念佛人不可貪生怕死

凡修淨土之人，每念世間一切無常，成必有壞，生必有死。若不親聞佛法，則捨身受身，輪轉三界，四生六道，無解脫期。我今有緣，得聞正法；得修淨業，惟佛是念，捨此投身，當生淨土；入彼蓮胎，受諸快樂，永脫生死，不受輪迴，此乃大丈夫生平之能事也。大凡求生西方者，不可怕死。若今日即死，今日即生西方，所謂朝聞道，夕死可矣。豈可今日要死，且不願，既貪戀塵境，不能放下。便因貪成障，養成習慣。一邊念佛，一邊生死根株只聽其潛滋暗長。則心成業熟，待至命終時，受生於善惡道中之境便現。境現則心力被其牽引，而不能自主，往生西方便成畫餅。故修西方人，今日死也好，再舌一百二十歲死也好，一切任彼前業，不妄生計較。眼前境地，不加好惡貪戀之意。自然工夫純熟，隨其心之專注，而如願以償矣。

優曇：《蓮宗寶鑑》

語譯：凡是修淨土的人，應當時刻痛念世間一切無常，有成必有壞，有生必有死。倘若不親聞佛法，那麼捨此身受後身，輪轉三界，流浪四生（胎、卵、濕、化）六道，永遠沒有解脫之日。我現在有緣聽聞到正法，得以修行淨業，專念阿彌陀佛，捨棄這個業報身，得以往生西方極樂世界，在七寶池蓮花中化生，受用種種快樂。永遠解脫生死，不再輪迴六道，這正是大丈夫一生最難能可貴的事業。

大凡求生西方極樂世界的人，不可貪生怕死，倘若今日即死，今日即得往生西方極樂世界。所謂「朝聞道，夕死可」矣！豈可今日要死，心不情願。既然貪戀世俗塵境，不能看破放下，便會因這貪戀之心形成障礙，養成習慣。一邊念佛，一邊聽任生死根株潛滋暗長；那麼，心性業果成熟，等到臨命終時，便會出現受生到善道或惡道的境象。境象現前則心力被其牽引而不能自主。便不得往生西方極樂世界。所以，修西方淨土的人，今日死也好，再活一百二十歲死也好，一切隨順往昔的業力，不妄生計較心。面對目前的處境，不加好惡貪戀的意念。這樣，工夫自然純熟，隨著這心念的專注，往生西方極樂世界的願望必定能達到。

一切時中，縈記心願

云何爲願？一切時中，厭惡娑婆生死之苦，欣慕淨土菩提之樂。隨有所作，若善若惡，善則迴向求生，惡則懺願求生，更無二志。是名爲願。

蕅益大師：《蓮宗諸祖法語集要》

語譯：什麼才叫做願呢？每時每刻中都厭惡娑婆世界的生死悲苦，欣慕西方淨土的菩提法樂。凡所做的事情，或善行、或惡業，隨時審察。善行迴向求生極樂世界，惡業則懺悔發願求生極樂世界。唯有這個心願，沒有別的志向，這就叫做願。

欣厭具足，了脫生死

念佛一事，最要在了生死；既爲了生死，則生死之苦，自生厭心；西方之樂，自生欣心。如此則信願二法，當念圓具。再加以志誠懇切，如子憶母而念，則佛力、法力、自心信願功德力，三法圓彰。猶如杲日當空，縱有濃霜層冰，不久即化。

印光大師：《印光大師全集》

語譯：念佛一事，最重要的是了脫生死；既然是爲了生死，那麼，對生死的苦患，自然應生厭離心；對西方淨土的快樂，自然應生欣慕心。這樣，信願二法，當念圓滿具足。再加上志誠懇切，如子憶母地念佛，則佛力、法力、自心信願功德力、三法圓融彰現。猶如太陽當空，縱然有濃霜層冰，不久也會融化。

信願真切，波平月現

念佛一法，重在信願。信願真切，雖未能心中清淨，亦得往生。何以故？以志心念佛就爲能感，故致彌陀即能應耳。如江海中水，未能了無動相，但無狂風巨浪，則中天明月，即得了了影現矣。感應道交如母子相憶，彼專重自力，不仗佛力者，由不知此義故也。

印光大師：《印光大師全集》

語譯：念佛這個法門，重在信與願。如果信願眞切，雖然未能心中清淨，也能夠往生。爲什麼呢？因爲志心念佛是能感，能把阿彌陀佛念來就是能應。譬如江海中的水，雖然沒有停止波動，但是沒有狂風巨浪，則中天明月，也能在江水中了了影現出來。感應相交猶如母子相憶，那些專重自力，不仗佛力加持的人，正是由於不知曉這個道理。

心重業强，唯西方是趨

吾人生死關頭，唯二種力：一者心緒多端，重處偏墜，此心力也。二者如人負債，强者先牽，此業力也。業力最大，心力尤大，以業無自性，全依於心；心能造業，心能轉業，故心力唯重。業力唯强，乃能牽生。若以重心而修淨業，淨業則强。心重業强，唯西方是趨，則他日報終命盡，定往西方，不生餘處。

徹悟禪師：《徹悟禪師語錄》

語譯：我們在生死關頭，唯有兩種力量：其一，心緒多端，神識墜向心念重的方所，這是心力。其二，如人負債，神識首先被牽向負債多的方所，這是業力。業力很大，心力更强。因為業力沒有自性，業力完全依心而起。心能造業，心也能夠扭轉業力。所以，唯有心力最重。業力强大，也能使神識轉生。如果以勢大的心修持淨業，則淨業的力量便强大。心重業强，唯一趨向西方淨土。那麼，他日命終，定會往生西方極樂世界，不會生到其他的地方。

佛印禪師點化蘇東坡

東坡在惠州時，佛印致書云：「人生一世間，如白駒之過隙，二三十年功名富貴，轉盼成空。何不一筆勾斷，尋取自家本來面目？萬劫常住，永無墮落。何乃膠柱守株，待入惡趣？子瞻胸中有萬卷書，筆下無一點塵，到這地位，不知性命所在。一生聰明要做甚麼？三世佛則是一個有血性的漢子，子瞻若能腳下承當，把二三十年富貴功名，賤如泥土。」

周克復：《淨土晨鐘》

語譯：蘇東坡在惠州時，佛印禪師致書函給他，信中寫道：「人生一世的時間，猶如白駒過隙，二三十年的功名富貴，轉瞬便成空幻，爲什麼不一筆勾斷，尋究證取自家的本來面目？如果這樣做，便可萬劫常住，永遠不會墮落。何必這樣拘泥不知變通，等著墮入惡道？子瞻（蘇東坡的別號）胸中有萬卷書，筆下無一點塵，到了這地位，尚不知性命所在（生從何來，死向何去），一生的聰明還要它做什麼？三世佛（過去佛、現在佛、未來佛）是一個有血性的漢子，子瞻倘若能夠腳下承當，便應把二三十年的富貴功名，賤如泥土。」

勘驗念佛心的真假

念佛心真不真，勘驗關頭，直在歡喜、煩惱兩處取證。其真假之心，歷然可辨。大抵真心念佛人，於歡喜、煩惱中必然念念不間斷，是以煩惱動他不得，歡喜也動他不得。煩惱、歡喜既不能動，死生境上自然不驚怖。今人念佛，些小喜怒到前，阿彌陀佛便撇在腦後，如何能得念佛靈驗？若依我法念佛，果能於愛憎關頭不昧此句阿彌陀佛，而現在日用不得受用，臨終不得往生，我舌根必然破爛。

說明：紫柏尊者（西元一五四三～一六〇三年）：明末四大高僧之一。名眞可，字達觀，晚號紫柏，門人尊稱爲紫柏尊者。著述甚豐。

語譯：念佛的心眞不眞，勘驗關頭，須在歡喜與煩惱兩處中取得證明。在這兩種境況中，眞心與假心就可以很明顯地辨認出來。大抵眞心念佛的人，於歡喜、煩惱中，必然還是念念不間斷的。因爲歡喜動他不得，煩惱也動他不得。煩惱歡喜既然都不能動搖他的心，那麼，死生境上自然不會驚怖。現在人念佛，遇到一些微小的可喜可怒的景象，就把「阿彌陀佛」拋到腦後去了，這怎麼能得到念佛的靈驗呢？如果依照我的方法念佛，眞的能於愛憎關頭不忘失這句「阿彌陀佛」，而在目前日用中得不到受用，臨終又不得往生的話，我的舌根必然破爛。

金剛非堅，願力爲堅

願就是：「厭離娑婆，欣慕極樂。」對於娑婆世界我們毫無貪戀，願意出離。

一所嚮往的只是極樂世界，這就叫做願。願很重要，所以說：「金剛非堅，願力為堅。」

發願往生淨土，就不能腳踩兩隻船。若是又留戀世間，又想去極樂世界，這個願就不真實了。所以要往生，就必須具有正信和真實的願。信願如果真有了，乃至十念，決定得生。得生與否全由信願之有無，所以我們要在信願上多用心。

黃念祖：《淨土資糧》

語譯：願就是：「厭離娑婆世界，欣慕極樂世界」。對於娑婆世界我們毫無貪戀，願意出離。一心所嚮往的只是西方極樂世界，這就叫做願。願很重要，所以說：「金剛不算堅固，願力才堅固。」

發願往生西方淨土，就不能腳踩兩隻船，若是又留戀這個世間，又想去西方極樂世界，這個願就不眞實了。所以要往生就必須具有正信和眞實的願。信願如果眞有了，就是十念，也能往生。是否能往生取決於信願的有無，所以我們要在信願上多用心。

萬緣放下，一念單提

我等都應在此生中討個決斷，不再拖泥帶水，輾轉六道。您欲退休，亦可。退休後，要攝心專修。關鍵是攝心，不是挑環境。既是娑婆，焉有清靜之處？所謂修者，只是休歇此妄心，隨時隨地都應歇。古云：「即今休去便休去，欲待了時無了時。」所謂休歇者，「萬緣放下，一念單提」也。

黃念祖：《谷響集》

語譯：我們都應當在這一生中討個決斷，不要再拖泥帶水，輾轉六道了。您打算退休也可以。退休後，要攝心專修淨業。關鍵是攝心，不是挑環境。既然是娑婆世界，那裡會有清淨的地方呢？所謂修行，只是休歇這個妄心，隨時隨地都應當休歇這個妄心。古德說：「即今休去便休去，欲待了時無了時。」什麼叫休歇呢？就是「萬緣放下，單提阿彌陀佛一念」。

野狐狸的譬喻

野狐黑夜入廚房，飽食睡去。天明不能逃竄，乃佯死而待人棄去。未幾，果有欲棄之者。一人曰：「狐尾甚佳，待我割之而後棄！」狐聞而懼，忍痛而聽其割。俄有童子來，欲取其兩耳，狐聞益懼，然思兩耳猶無關於性命，仍復忍之。俄復有人曰，皮可補裘，狐大駭曰：「若取我皮，必至斷頭剖腹，其可忍乎？」於是奮然跳起，向外狂奔，而此狐竟走脫矣。人在三界牢獄，無異廚房，業已託胎爲人，已難逃於一死。只有念佛往生，乃可死裡逃過。錯過强壯之時，狐尾已經割去；若到桑榆遲暮，已將斷頭剖腹矣。苟非立弘誓願，奮不顧身，其能跳出迷途，蒙佛接引乎？

周安士：《西歸直指》

語譯：野狐狸黑夜遁入廚房，飽餐一頓後便睡著了。睡到天亮不能逃竄，於是野狐狸假裝死亡，等待人將自己拋棄。不一會兒，果然有想拋棄野狐狸的人。旁有一人說：「狐狸尾巴很好，待我割下狐狸尾巴後再拋棄！」狐狸聽著害怕，忍痛任人割其尾巴。一會兒來了一少年，要割取野狐狸的兩耳。狐狸聽到更爲害怕，繼而思忖兩耳被割去尚不會致命，便仍忍痛受之。一會兒又有人說：「狐皮可補裘衣。」狐狸大驚道：「倘若剝我皮，必至斷頭剖腹而死，這怎可忍受呢？」於是奮然跳起，向外狂奔。這樣，這隻野狐狸竟走脫了。

人在三界牢獄，無異野狐狸入廚房。現已託胎為人，已難逃於一死。只有念佛往生西方極樂世界，方可死裡逃生。錯過強壯之時，狐尾已經割去；倘若延誤到遲暮之年，便到斷頭剖腹之時。如果不立大誓願，奮不顧身，怎能跳出迷途，蒙佛接引往生西方淨土呢？

㈢、欣願心

應當發願，願生彼國

舍利弗！眾生聞者，應當發願，願生彼國。所以者何？得與如是諸上善人①，俱會一處。舍利弗！不可以少善根②、福德③、因緣④，得生彼國。《佛說阿彌陀經》

注釋：①上善人：上等的善人。泛指西方極樂世界的聲聞菩薩以及一生補佛位的大菩薩。②善根：指發菩提心，持名念佛的正行。③福德：受持禁戒，廣作善事的助行就叫福德。④因緣：善根就是往生的因；福德就是往生的緣。

語譯：佛又叫舍利弗道：「眾生聽到了上述西方極樂世界種種好處，應該都要發出願心來，情願生到西方極樂世界去。為什麼勸人發願心，要生到西方極樂世界去呢？因為能夠同這樣許多最上等的善人，都聚會在一塊兒的緣故。」佛又叫舍利弗：「要生到西方極樂世界去，一定要有因緣的。善根與福德，就是生到西方極樂世界去的因緣。但是善根少、福德少，就不能夠生到西方極樂世界去了。」

發願往生者，永不退轉菩提心

舍利弗！若有人已發願、今發願、當發願，欲生阿彌陀佛國者，是諸人等，皆得不退轉於阿耨多羅三藐三菩提，於彼國土，若已生、若今生、若當生。是故，舍利弗！諸善男子、善女人，若有信者，應當發願，生彼國土。《佛說阿彌陀經》

語譯：佛又叫舍利弗道：「若有人已經發願，現在發願、將來發願、要生到阿彌陀佛的西方極樂界去的，這許多人，無論已經、無論現在、無論將來，都可以生到西方極樂世界去的。並且還可以一直修到成佛，不會退回轉來。」

佛又叫舍利弗道：「所以，舍利弗！你要曉得許多善男子、善女人，若有信心的，就都應該發願心，生到西方極樂世界去。」

念佛拔苦，永出輪迴

佛告彌勒：「敬於佛者，是爲大善，實當念佛，截斷狐疑，拔諸愛欲，杜衆惡源。遊步三界，無所掛礙，開示正道，度未度者。」

「若曹當知，十方人民，永劫以來，輾轉五道，憂苦不絕。生時苦痛、老亦苦痛、病極苦痛、死極苦痛。惡臭不淨，無可樂者。宜自決斷，洗除心垢，言行忠信，表裡相應。人能自度，轉相拯濟。至心求願，積累善本。雖一世精進勤苦，須臾間耳，後生無量壽國，快樂無極。永拔生死之本，無復苦惱之患，壽千萬劫，自在隨意。」

《佛說大乘無量壽莊嚴清淨平等覺經》

語譯：佛告彌勒菩薩：「眞實敬佛即是無比的大善，應當老實念佛，截斷狐疑，拔除愛欲，遠離惡業，杜絕入惡道的根源。乘佛的威神遊化三界，斷除牽掛障礙。宣示淨宗圓頓妙法，勸導苦海沈浮的人念佛求生西方極樂世界。」

「你們大家應當知道：十方世界的人民，無限久遠以來，輾轉於五道之中，身苦心憂，無有窮盡。生時苦痛、衰老苦痛、病極苦痛、死亡苦痛。身體醜惡不潔，臭穢難聞。你們應當發決斷心，斷惡修善，洗除貪、瞋、癡的心垢，言行相符，心口如一。」

「倘若你們能夠度脫自己，便應當輾轉救度其他的衆生，至心求願往生西方極樂世界，一向專念阿彌陀佛。雖然一生精進勤苦，人生苦短，猶如片刻。命終生到西方極樂世界，妙樂無邊。永遠拔除生死根本，不再有苦痛煩惱的憂患，壽命千萬劫，自在隨意。」

願生清淨的佛刹

時座中有四億衆，自知死此生彼，牽連不斷。欲爲之源，樂生無欲國土。佛言：「西方去此無數國土，有佛名無量壽。其土清淨，無淫怒癡，蓮華化生，不由父母，汝當生彼。」

《十住斷結經》

語譯：當時，參加法會的有多達四億的信衆，他們自知在這個世界死去，又生到別的世界，牽連不斷。貪欲是生死的根源，所以他們都樂意生到無欲的國土。佛說：「從這個世界往西方過無數國土，有佛名號無量壽。無量壽佛的國土清淨，沒有淫穢、瞋怒、愚癡。那裡都是蓮花化生，不必受胎於父母，你們應當往生無量壽國。」

捐志若虛空，勤行求道德

宜各勤精進，努力自求之，必得超絕去，往生無量清淨阿彌陀佛國。橫截於五趣①，惡道自閉塞；無極②之勝道，易往而無人。其國不逆違，自然所牽隨，捐志若虛空，勤行求道德，可得極長生，壽樂無有極。何爲著世事，譊譊④憂無常。

《佛說大乘無量壽莊嚴清淨平等覺經》

注釋：①五趣：天、人、畜生、餓鬼、地獄。②無極：極端的方便，不可窮極。③譊譊：爭吵；喧鬧。

語譯：佛勸勉大衆：「你們每個人都應該精進勤修，依照經語，努力改過自新。這樣必定能夠超脫生死輪迴，往生到阿彌陀佛的極樂世界。一經往生，便能橫超五道，永不再墮三惡道。這個淨土法門是凡夫疾捷成佛的殊勝大道，修學易而成功高；但由於許多人不信，所以，往生西方淨土者寥寥無幾。」

「西方極樂世界中，往生者都能事事如意。修因得果，自然可以往生到那裡。所以，你們應當對娑婆世界生厭離心，與人無爭，於世無求，淨無垢染，心如虛空。精進修行，發菩提心，一向專念，往生到西方極樂世界；便能得到極長生，壽命無窮，快樂無邊；見佛聞法，究竟佛道。你們爲什麼還要貪著世事，爭競喧鬧，對空幻無常的世相，憂慮不已呢？」

文殊發願往生偈

願我命終時，滅除諸障礙。面見阿彌陀，往生安樂剎。生彼佛國已，成滿諸大願。阿彌陀如來，現前授我記。

《文殊師利發願經》

語譯：

但願我命終的時候，
滅除一切的障礙。
面見阿彌陀佛，

往生西方極樂世界。
生到阿彌陀佛國土後，
成就圓滿一切大願，
阿彌陀如來，
現前爲我授記。

不能自度，安能度人

有未入菩薩位①，未得阿鞞跋致②，受記別③故。若遠離諸佛，便壞諸善根，沒在煩惱。不能自度，安能度人？如人乘船，中流壞敗，欲度他人，反自沒水。又如少湯投大冰池，雖消少處，反更成冰。菩薩未入法位④，若遠離諸佛，以少功德，無方便力，欲化衆生，雖少利益，反更墮落。

龍樹菩薩：《大智度論》

注釋：①菩薩位：菩薩修佛果因行之位。通常分十地，從歡喜地到法雲地。②阿鞞跋致：不退轉地，八地菩薩以上所證。③受記別：從佛受當來必當作佛的記別。④法位：真如的異名。真如為諸法安住之位，所以稱法位。

語譯：有衆生由於沒有證得菩薩位，未證得不退轉地，未能受佛記別。這類衆生如果遠離諸佛，便會毀壞原有的善根，淹沒在煩惱海中。沒有能力度自己，又怎能救度他人呢？譬如有人乘船，船到中流便壞敗，試圖濟度他人，反倒自己沈入水中。又譬如用少許熱湯投到大冰池裡，雖然當時消解了一點冰塊，然而過不久，灑湯之處更成厚冰。菩薩未能證入眞如實相，如果遠離諸佛，以自己微少的功德，又不具備方便善巧力，期望度化衆生，雖然有少許的利益，最終反更墮落。

新發心菩薩應求生淨土

新發意菩薩，機解軟弱；雖言發心，多願生淨土。譬如鳥子，翅翮未成，不可逼令高翔。先須依林傳樹，羽成有力，方可捨林遊空。新發意菩薩亦爾，先須乘願求生佛前，法身成長，隨感赴益。

龍樹菩薩：《大智度論》

語譯：初發心的菩薩，根機與悟解都軟弱；雖然說發願救度衆生，但應發願往生西方極樂世界。譬如小鳥，翅膀的羽毛還沒有長成，不可以逼令小鳥高翔。小鳥首先應依傍樹林，在樹間學飛，等到鳥羽長成有力後，方可捨棄樹林去高空飛行。初發心的菩薩也是一樣，首先應乘願求生阿彌陀佛的極樂世界。等到法身慧命成就後，隨順機感回轉娑婆世界饒益眾生。

取大悲船，入生死海

譬如二人，俱見父母眷屬沒在深淵；一人直往，盡力救之，力所不及，相與俱沒；一人遙走，趣一舟船，乘來濟接，並得出難。菩薩亦爾，若未發心時，生死流轉，與眾生無別。但已發菩提心時，先願往生淨土，取大悲船，乘無礙辯才，入生死海，濟運眾生。

龍樹菩薩：《大智度論》

語譯：譬如有二人，同時見到父母眷屬淹沒在深淵裡；一人直接跳入深淵，竭盡全力搭救。然而，力不從心，與父母眷屬全都沈沒在深淵。另一人見父母眷屬陷溺在深淵，趕緊到遠方尋到一條船，乘船來濟救，便與父母親屬們一道出離苦難。菩薩也是這樣，倘若沒有發菩提心時，與眾生一樣流轉生死之流。但已經發菩提心時，首先應當發願往生西方極樂世界，取得大悲船，乘無礙辯才，入生死海，濟運衆生。

凡夫菩薩，須常不離佛

問：諸佛、菩薩以大悲為業，若欲救度衆生，只應願生三界，於五濁三途中救苦衆生，因何求生淨土，自安其生？捨離衆生，則是無大慈悲，專為自利，障菩提道。

答：菩薩有二種。一者，久修行菩薩道，得無生忍者，實當所責。二者，未得已還，及初發心凡夫，凡夫菩薩者，要須常不離佛。忍力成就，方堪處三界內，於惡世中，救苦衆生。故《智度論》云：「具縛凡夫，有大悲心，願生惡世，救苦衆生者，無有是處。」

智者大師：《淨土十疑論》

語譯：有人問：諸佛菩薩應該以大悲為事業，如果願欲救度衆生，就應當願意生在三界內，在五濁三途（血途、刀途、火途）中救度苦難衆生，為什麼要求生西方極樂世界，只圖得自身的安樂呢？捨離衆生，便是無大慈悲，專為自利，障礙菩提道。

回答：菩薩有二種。第一種，久遠以來修行菩薩道，已經證得無生法忍的菩薩。這類大菩薩如果捨離眾生，那麼，以上責備，實當成立。第二種，沒有證得無生法忍而退轉的菩薩以及初發心的凡夫。凡夫菩薩應須常不離佛，成就忍力後，方可處身在三界內，在惡世中救度苦難眾生。所以，《大智度論》說：「具足煩惱纏縛的凡夫，有大悲心，願意生在惡世，救度苦難眾生，是絕對辦不到的。」

深信之後，便要發願

如此信已，則娑婆即自心所感之穢，而自心穢，理應厭離；極樂即自心所感之淨，而自心淨，理應欣求。

厭穢須捨至究竟，方可無捨；欣淨須取至究竟，方可無取。故妙宗云：「取捨若極，與不取不捨亦非異轍。」設不從事取捨，但尚不取不捨，即是執理廢事；既廢於事，理亦不圓。若達全事即理，則取亦即理，捨亦即理。一取一捨，無非法界。故次信而明願也。

蕅益大師：《阿彌陀經要解》

語譯：這樣相信後（信自、信他、信理、信事、信因、信果），便可了知娑婆世界就是自心所變現的穢土；而自心的穢惡，理所當然地應當厭離。極樂世界就是自心所變現的淨土；而自心的清淨，理所當然地應當欣求。

厭離穢土，必須捨離娑婆，橫超三界，方可沒有什麼可捨；欣求淨土，必須求生極樂世界，蓮花化生，方可沒有什麼可取。所以，智者大師的《妙宗鈔》說：「欣取淨土與捨離穢土若能達到極處，便與無取無捨沒有兩樣。」假若不從事相上發願，捨穢土取淨土，而只是推崇理體上的不取不捨，這就是固執理性而廢棄事修，既然廢棄事修，理性也就不會圓通。假若明了所有的事相就是法性，那麼，欣取淨土就是法性，捨棄穢土也就是法性。一取一捨，無不都是眞如自性，所以，信的後面一定要說明發願。

得生與否，全由信願之有無

信願爲慧行，持名爲行行。得生與否，全由信願之有無；品位高下，全由持名之深淺。故慧行爲前導，行行爲正修，如目足並運也。

若信願堅固，臨終十念一念，亦決得生。若無信願，縱將名號持至風吹不入，雨打不濕，如銀牆鐵壁相似，亦無得生之理。修淨業者，不可不知也。

蕅益大師：《阿彌陀經要解》

語譯：信願是智慧的行門，執持名號是修持的行門。能否往生西方淨土，完全取決於有沒有信願；往生的品位高下，完全取決於執持名號的工夫的深淺。所以，信願爲前導，執持名號是正修，二者如同眼睛與足的關係那樣，只有相互配合才能運轉。

倘若信願能夠堅固，臨命終時，只要十念或一念，也能決定往生淨土；倘若沒有信願，縱然將佛號念得綿綿密密，風吹不入，雨打不濕，如同銀牆鐵壁相似，也沒有得生淨土的道理。修淨業的人，不可不知道這個道理。

淨宗十六字訣

真爲生死，發菩提心，以深信願，持佛名號。十六字爲念佛法門一大綱宗，若真爲生死之心不發，一切開示，皆爲戲論。

徹悟禪師：《徹悟禪師語錄》

語譯：「眞爲生死，發菩提心，以深信願，持佛名號」。這十六字是念佛法門一大綱宗。如果學佛的人，眞正爲了解脫生死的心不發；那麼，對他所說的一切開示，都將成為戲論，不起作用了。

不廢世法而證佛法，不離佛法而行世法

持名一法，最契時機。蓋此法門，不廢世法而證佛法，不離佛法而行世法。因持名之法，隨時隨地可行。不須入山潛修，閉關宴坐。於有益世間之事，仍可進行。只要深信切願，一向專念；若不得閒，下至行十念法，或臨終十念一念，皆可往生。

黃念祖：《心聲錄》

語譯：持名念佛的法門，最契合現代的時機。因為這個法門，不廢棄世間法而修證佛法，不離佛法而實行世間法。因為持名念佛的法門，隨時隨地都可以修行。沒有必要入山潛修，關閉宴坐。對有益於社會的事業，仍然可以去做。只要深信切願，一向專念。倘若沒有閒暇，即便修行十念法門，或者臨命終時，十念或一念，都可以往生西方極樂世界。

幸聞佛法，頓生信願

「人身難得，中國難生，佛法難聞，生死難了。」我等幸得人身，生中國，聞佛法。所不幸者，自愧業深障重，無力斷惑，速出三界，了生脫死耳。然又幸得聞我如來徹底悲心所說之大權巧，異方便，令博地凡夫帶業往生之淨土法門，實莫大之幸也。若非無量劫來，深植善根，何能聞此不思議法，頓生真信，發願求生乎？

印光大師：《印光大師全集》

語譯：「人身難得，中國難生，佛法難聞，生死難了。」現在，我們幸運地得到了人身，生在了中國，聞到了佛法。所不幸的是，自愧業深障重，無力斷惑，無力速出三界，了生脫死。但是又慶幸自己聽聞到如來佛徹底悲心所說的大權善巧、異常方便、令博地凡夫帶業往生的淨土法門，實在是莫大的幸運。如果不是無量劫來，深植善根，怎能一聽聞到這不可思議的法門，便頓時生起眞信，發願求生西方極樂世界呢？

欲求歸宿，應修淨土

譬如人入大城中，必先覓安下處，卻出幹事。抵暮昏黑，則有投宿之地。先覓安下處者，修淨土之謂也；抵暮昏黑者，大限到來之謂也。有投宿之地者，生蓮華中，不落惡趣之謂也。又如春月遠行，先須備雨具，驟雨忽至，則無淋漓狼狽之患。先備雨具者，修淨土之謂也；驟雨忽至者，大命將盡之謂也；無淋漓之患者，不至沈淪惡趣受諸苦惱之謂也。且先覓安下處者，不害其幹事；先備雨具者，不害其行遠途。是修淨土者，皆不妨一切世務，人何爲而不修乎？

王日休：《龍舒淨土文》

語譯：譬如人到大城市中，必須首先安頓好住宿，然後才出外辦事。這樣到天暮昏黑時，便有投宿的地方。首先安頓住所譬如修行西方淨土；天暮昏黑譬如死亡到來，有投宿之地即是在西方極樂世界託生蓮花中，不再墮落到惡道。又譬如陽春時節去遠方旅行，必須首先準備雨具，暴雨突然來到，便不會有淋漓狼狽的憂患。先準備雨具即是修行西方淨土，暴雨忽然來到即是大命將盡；沒有淋漓的憂患，即是不會沈淪惡道遭受諸多苦惱。況且首先尋覓安頓住所，並不妨礙辦事；首先準備雨具，並不廢棄遠方的旅程。可知修行淨土的人，全不妨礙一切世務，有這麼大的好處，我們爲什麼不去修持呢？

淨業八事

一真爲生死，發菩提心，是學道通途。二以深信願，持佛名號，爲淨土正宗。三以攝心專注而念，爲下手方便。四以折伏現行煩惱，爲修心要務。五以堅持四重戒法，爲入道根本。六以種種苦行，爲修道助緣，七以一心不亂，爲淨行歸宿。八以種種靈瑞，爲往生證驗。此八種事，各宜痛講，修淨業者，不可不知矣。

徹悟禪師：《徹悟禪師語錄》

語譯：一、眞正爲了解脫生死，發菩提心，這是學道的通途。二、以深切的信願，持佛名號，這是淨土的眞正宗旨。三、以攝心專注念佛，作爲下手的方便。四、以折伏現行煩惱，作爲修心的要務。五、以堅持四重戒法（不殺生、不偷盜、不邪淫、不妄語），作爲入道的根本。六、以種種苦行作爲修道的助緣。七、以一心不亂作爲淨業的目標。八、以種種靈感瑞相，作爲往生的驗證。這八種事，每一條都應當反覆透徹地宣講，修淨業的人，不可不知道。

念佛當生四種心

念佛當生四種心：一、無始以來造業至此，當生慚愧心。二、得聞此法門，當生忻慶心。三、無始業障，此法難遭難遇，當生悲痛心。四、佛如是慈悲，當生感激心。此四種心有一，淨業即能成就。

徹悟禪師：《徹悟禪師語錄》

語譯：念佛人應當生起四種心：一、無始劫以來造業到現在，當生慚愧心。二、幸而聽聞到這個淨土法門，當生忻慶心。三、由於無始劫的業障，很難遇到這個殊勝的法門，當生悲痛心。四、佛是這樣的大慈大悲，當生感激心。如能具備這四種心的任一種，就能夠成就淨業。

行願真切，蒙佛接引往生

念佛工夫，雖未做到念而無念，但能行願真切，仗彌陀悲願力，亦蒙接引往生。便同阿鞞跋致，此云不退，即是初住地位。如修他法，須經久遠劫數，今一生辦到，故曰方便之方便也。然行願真切，必須一心在念佛求生上，方能謂之真切。若一面念佛，一面又起塵濁之想，則行願不真切矣。所以念佛人於斷念一層，縱令未易辦到，而「不應住色生心，不應住聲、香、味、觸、法生心」兩句，務必做到。不然，則願不切，行不真，何能蒙佛接引乎？塵濁氣重，與清淨二字太不相應，則佛亦末如之何也已矣。

江味農：《金剛經講義》

語譯：念佛工夫，雖然沒有做到念而無念，但只要行願眞切，仰仗阿彌陀佛的慈悲願力，也能蒙佛接引往生。到了西方極樂世界，就等同於阿鞞跋致菩薩，我們稱爲不退轉菩薩，即是到了初住菩薩的地位。假使修學其他法門，可要經歷久遠劫數；而現在修習念佛法門，一生就能辦到，所以說念佛法門是方便中的方便。

不過，行願必須眞切，要經常一心在念佛求生上。若是一面念佛，一面又起塵濁的思想，這樣，行願就不眞切了。所以念佛人，對於斷念一層，即使不容易辦到，但對於《金剛經》裡「不應住色生心，不應住聲、香、味、觸、法生心」這兩句話，務必要做到。遇到色等六塵，不可以住著不捨，不可以起心動念。不然的話，就是願不切，行不眞，這樣，怎能得到佛來接引呢？因爲塵濁氣重，就和淸淨太不相應，所以，佛也沒有辦法拯救了。

堅固志願，帶業往生

多見世人念佛，志願不堅，今爲說三種力，可決疑情，令念佛有味。一、衆生本具佛性力。二、彌陀慈光攝取力。三、信心念佛功勳力。此三種力，如三股繩，合爲大索，能牽重物至西方也。

石芝法師：《樂邦文類》

說明：石芝法師（西元一一五一～一二一四年）：南宋僧人。浙江鄞縣人。俗姓王，號石芝。年少出家，潛心修學，弘傳教觀四十餘年，編纂《法華顯應錄》、《樂邦文類》等數十卷。

語譯：多見世間人念佛，志願不堅固。如今爲大家說三種力，可以解決疑情，令衆生念佛有味。第一、衆生本來具有的佛性力；第二、阿彌陀佛慈光攝取力；第三、信心念佛功勳力。這三種力，如同三股繩，合成大繩索，能夠使衆生帶業往生到西方極樂世界。

未能往生的原因

或問：「今見世人，念佛者多，生西方佛者少，何也？」答：「此有三故，一者口雖念佛，心中不善，以此不得往生。二者口雖念佛，心中胡思亂想，以此不得往生。三者口雖念佛，心中只願求生富貴，或說我等凡夫，西方無有我分，止圖來世不失人身，此則不合佛心。佛指引你生西方，你卻自不願生，以此不得往生。奉勸世人，凡念佛者，決意求生，休得疑惑。」

蓮池大師：《蓮宗諸祖法語集要》

語譯：有人問：今見世人，念佛的人多，往生西方淨土成佛的人少，這是什麼原因呢？

回答：這裡有三個原因。第一、口裡雖然念佛，心中卻懷惡意，由此不得往生。第二、口裡雖然念佛，心中胡思亂想，由此不得往生。第三、口裡雖然念佛，心中只願求來生的富貴，或者說我這樣的凡夫，西方極樂世界沒有我的份，只圖來世不失人身。這些意願不契合佛心。佛指引你往西方極樂世界，你卻自己不願意往生，由此不得往生。奉勸世人，凡念佛的人，應決心求生西方極樂世界，不得疑惑。

行願並重，徑入淨土

有行無願，其行必孤；有願無行，其願必虛；無願無行，空住閻浮；有願有行，直入無爲。

慈照宗主：《歸元直指》

語譯：有修行無願力，這種修行必定孤弱；有願無修行，這個願必定虛假；既無願又無修行，便在閻浮洲空住一遭；有願有修行，徑直得入清淨無爲法身（西方淨土）。

精修淨業，預辦盤纏

古人云：「莫待老來方念佛，孤墳多是少年人。」當思人生在世，能有幾時，石火電光，眨眼便過。趁此未老未病之前，抖擻身心，撥棄世事；得一日光陰，念一日佛名，得一時工夫，修一時淨業。由他臨終好死惡死，我之盤纏預辦了也；我之前程穩穩當當了也。若不如此，後悔難追。

天如：《淨土或問》

語譯：古人說：「莫待老來方念佛，孤墳多是少年人。」應當思惟：人生在世，能有幾時，眞是像石火電光。一眨眼，便過去了。因此，應該趁現在未老未病之前，抖擻精神，把世事看清淡些；能得一日光景，就念一日的佛名；能得一時的工夫，就修一時的淨業。不管它臨命終時好死惡死，我的車旅費已預先備辦好了；我的前程已經穩當有把握了，如果不這樣做，到時後悔就來不及了。

以娑婆之苦，遙觀淨土之樂

如此信已，願樂自切。以彼土之樂，回觀娑婆之苦，厭離自深，如離廁坑，如出牢獄；以娑婆之苦，遙觀彼土之樂，欣樂自切，如歸故鄉，如奔寶所。總之，如渴思飲，如饑思食，如病苦之思良藥，如嬰兒之思慈母，如避寃家之持刀相迫，如墮水火而急求援；果能如此懇切，一切境緣，莫能引轉矣。　徹悟禪師：《徹悟禪師語錄》

語譯：這樣相信了以後，願意往生的心就會眞切生起來。更進一步將西方淨土的樂，來對比我們娑婆世界的苦，自然就會生起深切的厭離心，就像遠離坑廁，逃離牢獄那樣；將娑婆的苦來遙想西方淨土的樂，自然就會起欣樂的心，就像回歸故鄉，奔向寶所。總之，如渴思飲，如饑思食，如病苦想良藥，如嬰兒思慈母，如避寃家持刀相迫，如墮水火急待援救。如果眞能這樣懇切的話，那麼，一切世間事緣，都不能引轉他了。

直指迷源須念佛

娑婆苦海泛慈舟　此岸能超彼岸不
直指迷源須念佛　橫波徑度免隨流
千生萬劫長安泰　五趣三途盡罷休
縱使身沾下下品　也勝豪貴王閻浮

梵琦禪師：《西齋淨土詩》

說明：梵琦禪師：（西元一二九六～一三七〇年）字楚石，又字曇曜。明代「第一流宗師」（智旭語），梵琦繼承了禪宗自心覺悟，不求知解的思想，甚或訶佛罵祖，門風高峻。臨終時示微疾，沐浴更衣，跏趺書偈曰：「眞性圓明，本無生滅，木馬夜鳴，西方日出。」置筆，對夢堂說：「師兄，我去也。」夢堂說：「何處去？」梵琦說：「西方去。」夢堂說：「西方有佛，東方無佛耶？」梵琦乃震威一喝而逝。這位曾云「念佛一聲，漱口三日」的禪師，卻著詩推重西方淨土，令人尋味。

語譯：

慈舟飄泛在娑婆世界的苦海中，
生死的此岸能否頓超到解脫的彼岸？
釋迦佛直指迷惑的根源，勸告我們念佛，
念佛度生死，橫截業力流轉。
可得千生萬劫長久平安康泰，
五趣三途的惡果也全都休止。
縱使下下品往生西方淨土，
也勝過在娑婆國土作富豪權貴。

須從淨土指彌陀

釋迦設教在娑婆　　無奈衆生濁惡何

欲向涅槃開祕藏　須從淨土指彌陀
白雲半掩青山色　紅日初生碧海波
曠大劫來曾未悟　東西誰道沒淆訛

梵琦禪師：《西齋淨土詩》

語譯：

釋迦佛在娑婆界施設聖教，
面對濁惡慧淺的衆生又如之奈何？
意欲直趨涅槃境，啓開祕密藏，
只得先從西方淨土推出阿彌陀。
青山的黛色半掩著天空的白雲，
碧海波濤湧現一輪紅日。
無始劫來都未曾覺悟。
誰說沒有混淆顛倒東方與西方？

磁石吸針，心感佛願

我心感諸佛，彌陀即懸應。

天性自相關，如磁石吸針。

諸佛衆生，同一覺源；迷悟雖殊，理常平等。正由一理平等，天性相關，故得任運拔苦與樂。況無量壽佛因中，所發四十八願，誓取極樂，攝受有情。

今道果久成，僧那①久滿。故凡百衆生，弗憂佛不來應，但當深信憶念；數數發願，願生西方。如磁石與針，任運吸取。然磁能吸鐵，而不能吸銅；針能合磁，而不能合玉。譬猶佛能度有緣，而不能度無緣。衆生易感彌陀，而不易感諸佛。豈非生佛誓願相關者乎？是以求生淨土者，信行願三，缺一不可。傳燈：《淨土生無生論》

注釋：①僧那：梵語，意指弘誓。

語譯：

我心祈感一切佛，

阿彌陀佛即刻遙相呼應。

眾生與佛天性相聯，

譬如磁石吸針，互攝不捨。

諸佛與眾生，同一種覺悟的源頭；雖然迷與悟懸殊很大，但理體卻永遠平等無二。正是由於理體平等，天性相關，所以，阿彌陀佛可以不假造作地拔眾生的苦，施眾生的樂。何況阿彌陀佛在因地修行時曾發過四十八大願，誓願建立西方極樂世界，攝受接引十方世界有緣眾生。

如今阿彌陀佛早已成就了佛果，圓滿了大願。所以，我們不必擔憂阿彌陀佛不來接應。只要我們深信阿彌陀佛，憶念阿彌陀佛，經常發願，誓願生到西方極樂世界。這樣的話，便如同磁石自然吸針一樣。然而，磁石能夠吸鐵，但卻不能吸銅；針能夠契合磁石，但卻不能契合玉石。猶如阿彌陀佛能夠救度有緣的眾生，但卻不能夠救度無緣的眾生。眾生容易感通阿彌陀佛，但卻不容易感通其他的諸佛。這不正是說明眾生與佛的誓願力相關互應嗎？由此可知，我們求生西方極樂世界，必須信、願、行三者並重，缺一不可。

一一蓮花見佛身

李商隱：摘自《蓮花世界詩》

苦海迷途去未因　東方過此幾微塵
何當百億蓮華上　一一蓮華見佛身

說明：李商隱：晚唐著名詩人，青少年時熱中仕途。中歲喪妻，折心向道，寄寓僧寺，齋戒如比丘。壽四十六，依僧禮葬。

語譯：
無由離開苦海與迷途，
東方佛刹離這有幾多微塵佛土。
怎能比得上西方淨土百億蓮花上。
一一蓮花敷開即見阿彌陀佛的金身。

淨土一何妙，來者皆菁英

法藏長王宮　懷道出國誠
願言四十八　弘誓拯羣生
淨土一何妙　來者皆菁英
頹年欲安寄　乘化好晨征

謝靈運：摘自《蓮華世界詩》

說明：謝靈運：劉宋時期文學家。幼負盛名，好學博覽，工書畫。詩文之美，江左第一。幼皈三寶，深入經藏，嘗從竺道生遊，服膺頓悟之教。

語譯：

法藏菩薩曾在王宮做國王，
懷抱道心棄國出家至誠修行。
發了四十八大願，
弘誓拯救羣生。

西方淨土是何等的神妙，
來生這兒的都是人中精英。
我在頹暮之年期冀安棲極樂世界，
乘時遊化，得以清旦供養十方佛。

畫阿彌陀佛像贊

錢塘元照律師，普勸道俗歸誠西方極樂世界。眉山蘇軾，敬捨亡母蜀郡太君程氏簪珥①遺物，命匠胡錫畫阿彌陀佛像，追薦冥福。以偈頌曰：

佛以大圓覺，充滿十方界；我以顛倒想，出沒生死中。云何以一念，得往生淨土。我造無始業，一念便有餘。既從一念生，還從一念滅，生滅滅盡處，則我與佛同。如投水海中，如風中鼓橐。雖有大聖智，亦不能分別。願我先父母，及一切衆生，在處爲西方，所遇皆極樂。人人無量壽，無去亦無來。

蘇東坡：《蘇東坡全集》

說明：蘇東坡：字子瞻，號東坡居士，宋代大文豪。宿有異慧，淹貫內外羣典，因性耿直，仕途不順。常與高僧交遊，參修有所得。後貶瓊州日，自分必死，摒棄所有，獨持阿彌陀佛像而往。日唯念佛，不作他想，後竟得生還。嘗言前生是僧，囑家人依僧禮葬之。

注釋：①簪：別住髮髻的條狀飾物。珥：用珠子或玉石做的耳環。

語譯：錢塘的元照律師，普勸出家和在家的四眾弟子，皈依投誠西方極樂世界。眉山的蘇軾，恭敬施捨亡母蜀郡太君程氏遺下的髻簪、耳環等飾物，請畫匠胡錫畫阿彌陀佛像，用以追薦先母的亡靈，祈求冥福，謹致偈頌：

佛以圓滿的大覺，充滿十方一切世界；我以顛倒妄想，在生死海中頭出頭沒。怎樣以清淨一念，得以往生西方淨土呢？我無始劫來所造的無量罪業，一念便足以造作。既然從一念生起，還得從一念上除滅。生滅除滅之處，我與佛便平等無二。譬如將水投入海裡，譬如在風中鼓充布袋。雖然有廣大的聖智，也不能分別出彼此。祈願我的先父先母，以及一切衆生，所在之處都是西方淨土；所感遇的都是極樂世界。人人都是無量壽，無去無來任逍遙。

一句彌陀，消遣光陰

七十古稀，百年能幾；今此暮景，正宜放開懷抱，看破世間，宛如一場戲劇。何有真實？但以一聲阿彌陀佛，消遣光陰；但以西方極樂世界，為我家舍。我今念佛，日後當生西方，何幸如之。發大歡喜，莫生煩惱。倘遇不如意事，即撥轉心頭，這一聲佛急急提念，卻迴光返照：「我是阿彌陀佛世界中人，奈何與世人一般見識？」回瞋作喜，一心念佛。此是智慧中人，大安樂大解脫法門也。

蓮池大師：《蓮宗諸祖法語集要》

語譯：對人生七十古來稀，活百歲的能有幾人？如今已到暮年，正應該放開懷抱，看破世間宛如一場戲。世相有什麼真實呢？只宜以一聲「阿彌陀佛」消遣光陰，將西方極樂世界作為我的家鄉，我現在專心念佛，日後必然往生西方淨土。這是何等的欣慰啊！應當發大歡喜心，不生煩惱，倘若遇到不如意的事，就即刻撥轉心頭，急急提念阿彌陀佛。同時迴光返照，往心裡想一想：「我是阿彌陀佛極樂世界中的人，為什麼要與世人一般見識呢？」於是，消除瞋怨，生歡喜心，一心念佛。如能這樣做，就是智慧中人，就是大安樂大解脫的法門。

將生命呈現在絕對者面前

善學！以吾人一文不知愚鈍之身，不作智者之舉止，唯應一向念佛；捨淺薄思索分別之心，還歸一文不知愚鈍之身，將生命呈獻在絕對者之面前時，彼岸之世界即會展開。

法然上人：《一枚起請》

說明：法然上人（西元一一三三～一二一二年）：日本淨土宗的開山祖。强調信仰必須虛心，一旦心中有某種執念，就無法埋首於信仰中，倡導「白木念佛」即不含雜念的他力念佛。

語譯：善學！以我們愚鈍無知的身體，不作機智聰明者的舉止。唯應一向念佛，捨棄淺薄思索分別之心，回歸愚鈍無知的身體。將生命呈現在絕對者的面前時，彼岸世界的帷幕就會展開。

國家圖書館出版品預行編目資料

消業增慧須念佛：淨土信仰的因果事理與菩提願心／大安法師著. -- 初版. -- 新北市：華夏出版有限公司, 2023.11
面；　公分. --（大安法師作品集；002）
ISBN 978-626-7296-64-6（平裝）
1.CST：淨土宗

226.55　　112011707

大安法師作品集 002
消業增慧須念佛：淨土信仰的因果事理與菩提願心

著　　作　大安法師
印　　刷　百通科技股份有限公司
電話：02-86926066　傳真：02-86926016
出　　版　華夏出版有限公司
220 新北市板橋區縣民大道 3 段 93 巷 30 弄 25 號 1 樓
電話：02-32343788　傳真：02-22234544
E-mail：pftwsdom@ms7.hinet.net
總 經 銷　貿騰發賣股份有限公司
新北市 235 中和區立德街 136 號 6 樓
電話：02-82275988　傳真：02-82275989
網址：www.namode.com
版　　次　2023 年 11 月初版一刷
特　　價　新台幣 400 元（缺頁或破損的書，請寄回更換）

ISBN-13：978-626-7296-64-6
《消業增慧須念佛》由大安法師授權華夏出版有限公司出版繁體字版